DENN DIE ZEIT
IST DES EWIGEN AUFGANG

Zeitgedichte von der Morgenröte
bis zur Abendstunde

VERA HEWENER

Über das Buch

Die Vergänglichkeit ist der Motor der Ewigkeit. Jeder Augenblick geschieht nur ein einziges Mal und ist nicht wiederholbar. Das Buch versammelt die schönsten Tagesgedichte von der Morgenröte bis zur Abenddämmerung aus dem Werk von Vera Hewener zum Schmökern, Träumen, Nachsinnen und Innehalten. Den Leser erwarten „große lyrische Stimmungen", „beeindruckende Gedanken" (SZ 16.06.03), „Wortkunstwerke" (SZ, 07.11.2011). Den Kapiteln vorangestellt ist die kulturelle Bedeutung der Zeit.

Über die Autorin

Vera Hewener, Dipl.-Sozialarbeiterin, Jahrgang 1955, lebt als freie Schriftstellerin in Püttlingen, mehrfach ausgezeichnet, u.a. vom Centro Europeo di Cultura Rom (I) Superpremio Cultura Lombarda 2001, Superpremio Mondo Culturale, 2002; 1. Preis Deutsche Sprache CEPAL Thionville (F) 2004, Trophäe Goethe 2007, Trophäe Mörike 2015, Wilhelm Busch Preis 2017.

Pressesplitter

„In Heweners Gedichten überlagern sich die Zeiten und Epochen. Die Vergangenheit ist in ihren Zeilen ebenso nah wie die Gegenwart. Die Gedichte sind im wahren Sinne des Wortes farbenfroh. Vera Hewener versteht das Handwerk des Dichtens. Oft geht sie ungewöhnlich um mit ihrem Material." SZ, 29.07.2009 Beatrix Hoffmann.

Denn die Zeit
ist des Ewigen Aufgang

Zeitgedichte von der Morgenröte
bis zur Abendstunde

VERA HEWENER

Die Deutsche Bibliothek verzeichnet diese Publikation in der Deutschen Nationalbibliografie; detaillierte bibliografische Daten sind im Internet unter www.http://dnb.dnb.de abrufbar.

Titelgestaltung unter Verwendung einer Fotografie der CCO Creative Commens von www.pixabay.com

Herstellung und Verlag:
BoD – Books on Demand,
Norderstedt

Printed in Germany
1. Auflage 2022
ISBN 9783755738756
10,00 €

Inhaltsverzeichnis

Die Zeit

Was ist die Zeit? Der Zeitforscher Prof. Karl Heinz Geißler erklärt hierzu: „Zeit ist keine autonome Wesenheit, die das Geschehen mit eigenem Willen regiert, sondern die Art und Weise unserer Weltwahrnehmung."
Wilhelm von Humboldt meinte: „Die Zeit ist nur ein leerer Raum, dem Begebenheit, Gedanken und Empfindungen erst Inhalt geben."
Ob die Zeit schnell oder langsam voranschreitet, entscheiden wir in dem Augenblick, in dem wir sie empfinden. Fest steht, dass die Zeit ein wesentlicher Faktor in unserem Leben ist, messbar im stetigen Ticken einer Uhr, die irgendwann angefangen hat, loszueilen und irgendwann für jeden von uns wieder enden wird. Seneca sagte: „Ich wundere mich oft darüber, wie leichtfertig man um Zeit bittet und sie anderen gewährt. Es ist gleichsam, als wenn um ein Nichts gebeten wird."
Könnte man die Zeit anhalten, für wie lange „stünde" dann die Zeit? Das scheinbare Fließen der Zeit wird von den meisten Physikern und Philosophen als ein rein subjektives Phänomen oder gar als Illusion angesehen. Albert Einstein sagte: „Der Unterschied zwischen Vergangenheit, Gegenwart und Zukunft ist für uns Wissenschaftler eine Illusion, wenn auch eine hartnäckige."
Die Vergänglichkeit ist der Motor der Ewigkeit. Jeder Augenblick geschieht nur ein einziges Mal und ist nicht wiederholbar. Die Zeiterfassung, die Messung der ablaufenden oder abgelaufenen Zeit war einst an kultische, religiöse oder mystische Handlungen gebunden. Die antike Zeiteinteilung lehnte sich an Naturprozesse an. Sie war nicht an konkrete Ereignisse gebunden. Die kosmische Zeit teilte den Tag in Sonnenauf- und –untergang ein, in Tag- und Nachteinheiten. Homer rechnete nach Morgenröten, Cäsar nach Nachtwachen. Das kleinste Zeitmaß war der lichte Tag. Je nach Jahreszeit und Breitengrad hatte jeder Tag eine andere Dauer, ungleich lange Stunden.

Neben der Sonnenuhr kannte man die Wasseruhr. Sie bestimmte bei trübem Wetter und bei Nacht die Zeit. Als Erfinder der Sonnenuhr gilt Eudoxos von Knidos im 3. Jahrhundert vor Christi. Er versah die Ebene, die den Schatten aufnimmt, mit einer mathematischen Skalierung, der Arachne (Spinne).

Götterzeit, Gotteszeit und Menschenzeit sind der Beginn aller Zeitrechnungen. Nach der Genesis ist der sechste bzw. siebte Tag der Tag des Herrn, an dem er ausruhte und sich sein Werk betrachtete. Der Shabat im Judentum und der Sonntag im Christentum sind heute noch Teil der gesellschaftlichen Zeitstruktur. Manch ein Theologe spricht heute gar von gestohlener Gotteszeit, wenn er die Folgen der Beschleunigungsgesellschaft unserer Epoche beklagt, hervorgerufen durch einen linearen Zeitbegriff, der sich letztendlich als Säkularisierung und damit als Entsakralisierung entpuppte.

Zeitvorstellungen und die Wahrnehmung der Zeit haben sich in einem langen geschichtlichen Prozess entwickelt. Der Umgang mit ihr ist das Ergebnis des jeweils aktuellen gesellschaftlichen Zeitempfindens, das sich aus der kulturellen Überformung vergangener Zeitbedeutungen speist.

ଓଞ

„Ein jegliches hat seine Zeit." Salomo, Predigt 3,1.

„Doch unterdessen entflieht die Zeit, flieht unwiederbringlich." Vergil: Georgica, 1. Jhd. V. Chr.

„Nutze den Tag." (Carpe Diem) Horaz, 1. Jhd.v. Chr.

„Lieber spät als niemals." Titus Livius 1. Jhd. V. Chr.

„Die Zeit heilt alle Wunden." Menander 3. Jhd. V. Chr.

„Das Alte stürzt, es ändert sich die Zeit."
Friedrich Schiller Wilhelm Tell, 18. Jhd.

In den Gärten der Zeit

In den Gärten der Zeit
ernten wir
was wir nicht säen können

Sekunden voller Glück
Minuten voller Liebe
Stunden voller Geborgenheit

Wir können die Tür aufsperren
die den Garten verschließt
und ins Weite sehen

Manchmal gelingt es
die Erde zu nähren
und der Liebe
einen Grund zu geben

Sonnenzeit

Der Sonne Acht mit heißer Glut
im Chronometer weckt Demut
vor jenen Tagen, als entdeckt
das Analemma, Licht gesteckt.

Wo all die Uhren aus Jahrzehnten
sich an den Sonnenstand anlehnten,
erwächst aus Ticken Taktgebraus
in Zeitmuseums Uhrenhaus.

Die vielen Zeiger wandern weiter
von Null bis an die Himmelsleiter,
drehen die Runden gottgewollt,
solange wie das Zahnrad rollt.

Wer jemals seine Zeit gesucht,
die all die Stunden abgebucht,
findet hier tausend Räderwerke
drehend am Lebensgewerke,

ein jedes anders und doch gleich
durch jedes Menschenjahre-Reich.
Ob schrecklich, schön, schlecht oder gut,
nur eines zählt, hab Lebensmut.

Uhrmachers Haus, Püttlingen-Köllerbach

Für Helmut

Endliches Leben

Rosenbögen rankende Blütendüfte
strömen lichtwärts samtene rote Blätter
liegen ineinander wie viele Jahre
Tage für Tage

Einer nach dem anderen wird vergehen
löst sich ab von allem was reifte eingeht
Dorn um Dorn ins Herz was dich zärtlich koste
färbt das Vergangne

Einmal spürst du jeglicher Zeit nach sehnend
hinschaust siehst und fühlst in dir so wie damals
aller Liebe Zauber bevor du hingehst
endliches Leben

Gravuren der Zeit

Sonne wirbelt ihr rotes Haar
wirft Strähnen voller Glut
ins ausblutende Grau
der Morgen bürstet die Farben aus

wenn sie auf Glas treffen
strahlen sie zurück in den Himmel
in den Tag der seine Zeit
an den Gravuren der Spiegelungen misst

glauben muss ich was die Zeit sagt
denn die Zeit ist des Ewigen Aufgang

Im Haus der Zeit

Im Haus der Zeit wohnt eine Seele fein
in vielen unbekannten Zimmern
sie lädt mich ein zum Hoffnungsträumen
Salons in Samt und Seide flimmern
es zärtelt Schonzeit mit ihren Kinderfläumen
und zaubert mich ins Märchenschloss hinein

Die Feenwelt erwacht sie singen
mit glockenklaren Stimmen Psalmen
in durchsichtige Tücher leicht gewandet
die Kränze geflochten aus Rosen Gräserhalmen
ein Sturm aus wundersamen Wünschen brandet
und trägt mich fort auf weit entrückten Schwingen

Das Sehnen perlt auf meiner Haut in Bildern
mit tausend Wünschen überzogen
ein Herz im Glanz in güldenen Palästen
der Hofstaat schart sich um den Dogen
und lockt mit ausgemachten Festen
der Weg ein Labyrinth aus Schildern

Die vielen Türen die sich mir empfehlen
verwirren mich sie schreien nach Entscheidung
die Zeit pocht hörbar in den Wänden
erhofft das Zeithaus die Bekleidung
seiner Tage mit Lebensbänden
wes' Tür ich nehm' des' Zeit ich stehle

Im Haus der Zeit wohnt eine Seele fein
in Räumen die mich jäh erwarten:
ein Scheideweg ein Bitterfeld
ein Maar ein Sommerblumengarten
durch welche Zeit ich geh' ich bin der Held
ein jede Zeit sie wächst im Widerschein

Glaub es

Glaub es du weißt es sind nicht nur Worte
die manche nie erlernten
sondern ein Leben in Häusern
deren Gärten kein Blühen ziert

Doch es sind auch Menschen
die dies verstanden
vor dem Blick sahen sie schon
vor dem Schmerz fühlten sie bereits

sie hörten im tiefsten Schweigen
berührten einander in der Stille eines Morgenrots
ein solches Licht erhellt das nicht
dem Scheinbaren der Welt nachstrahlt

Gedanken die sich umarmen
bewegen wie das Rad der Zeit
es verschenkt das Geheimnis des Unerklärlichen:
Fruchtbarkeit die aus Hinwendung erwächst
Zuneigung der nichts entspricht
Liebe die nicht zerstört

Frag nicht nach der Dauer des Glücks
denn die Zeit verspricht sich nicht

Fruchtbares Feld

Gräser einer vergangenen Zeit
sprießen wie seltene Orchideen
aus dem Sand des Erlebten

Hast du dies fruchtbare Feld
je erblickt das du ersehntest

Und Jahr um Jahr
sich das Blühen über dem Beet verstreut
das du gedüngt mit den Antworten
die dich das Wachsen lehrte

Wo die Fragen verstummen
wird kein Same mehr sein

Manchmal

steht sie still. Zeitlose Uhr.
Zurückgehende Gedanken und
bebilderte Sekunden. Das Fragen
warum und wie und wo.
Ohne Antwort das Umdrehen.
Und die Zuversicht,
dass es weitergeht.
Irgendwie.

In allen Dingen

Keine Wahl lässt das Jahr
geh durch alle Zeiten
mit der gleichen Vertrautheit

Natur in ständiger Wiederholung
bereitet den Boden
den du täglich berührst
alles in allen Dingen
wartet flüstert und wacht

Knospen entfalten Blätter
Hummeln scharren sich frei
Sonnenstunden vermehren sich

keine Wahl lässt das Jahr
geh durch alle Zeiten
mit der gleichen Vertrautheit

Nichts bleibt unverändert.

Nur das ewige Wechselspiel
Geburt und Tod.
Doch wenn mitten im Leben
dich einer verlassen hat,
bleibt die Welt
für eine Weile steh'n.

Wechselbeziehungen

Ich komme und gehe,
sagt der Tag.
wenn du bleiben willst,
wirst du den Morgen
nicht erleben.

Ich schlafe und träume,
sagt die Nacht,
wenn du wachen willst,
wirst du den Tag
nicht erleben.

Ich blitze und strahle,
sagt die Sonne,
wenn du kühlen willst,
wirst du die Wärme
nicht fühlen.

Ich friere und zittre,
sagt die Kälte,
wenn du heizen willst,
schmilzt der Schnee.

Anschlusslos

Ich wollte, ich wäre gestern
schon hier gewesen. Da hätte
ich den Anschluss nicht
verpasst. Da liefe ich jetzt
brav hinterdrein oder
mittendrin oder voran.
Jetzt geh ich allein.
Und keiner schlägt mir
den Takt oder auf den Kopf.

Manchmal findet man
die richtige Tür nicht.
Oder zu spät. Doch Türen
wechseln die Rahmen
und manche Häuser halten
nicht. Man rast dem Duft
nach, der hungrig macht
und ist am Ende ausgehungert.

Die Rolle des Reifens ist still.
Das Aushalten hält einen aus.
Wer da greift nach der
Urzeit, hält nur
die Zeit an. Umso
später schlägt die Stunde
dem, der nicht warten kann.
Und wer den Anschluss verpasst,
hat ohnehin viel Zeit.

Geleerte Zeit

Die Geduld ist sichtbar geworden.
Sie streifte Sphären der Äonen.
Sisyphos sieht keine Schatten,
wenn's lichtet.

Trag dein Wörterbuch
auf den Hexenturm.
Das Feuer ist angezündet,
dein Zauber bricht sich längst
am Horizont.

Ich sehe, wie die Flammen
die rückwärtige Zeit bezüngeln.
Mit einem Mal haben wir
keine Vergangenheit mehr.

Die Zeit ist leer geworden,
sie antwortet nicht mit Erinnerung.
Ich werde den Morgen
im Stillen suchen.

Das Wandern der Tage
treibt die Zeit voran
Wenn deine Stiefel
Löcher tragen
beginnt das Zerreißen

Messwerk der Erinnerung

Die Barke hängt am Pflock des Abgestandenen
Kapitän Hooke spukt sich durch das Leintuch
für das Messwerk der Erinnerung totenbleich

aufgerollt das Bramsegel hängt schräg im Seil
dreht den Wind in die alte Richtung
bis das Zeitpendel in die Gegenwart zurückschlägt

im brackigen Kielwasser steht das Steuerrad still
stemmt das Tau das Gewicht einer Vergangenheit
die als Abenteuer noch in unseren Köpfen kämpft

Ramsgate, England

Schäumte das Meer
die Wellen nicht auf
blieb das Wasser stehen
und das Abgestandene
wäre Ewigkeit

Chronometer

Gehäuse aus
Ziffern
Zeigern
Zahnrad

Motor der Ewigkeit
Stundenbehausung

spannt die Feder
über der inneren Landschaft
entnimmt der Zeit
Licht und Schatten
Rhythmus und Takt

unentrinnbar
das Verblassen des Sichtbaren
das Verstummen des Hörbaren

unaufhörlich die Ausdehnung
urzeitlicher Zeit

Die Stunde reibt sich
auf im trockenen Asphalt
meine Uhr steht still

Zeitschnitte

Die Zeit mit ihren Scherenhänden
zerschneidet
mit jedem Händedruck
die Glücksmomente
die wir Gralssucher
den vielen Kämpfen
abgetrotzt

Komm
halte mit mir
die blaue Blume
ins Licht

Jede Sekunde
verherzt uns

Viele Menschen werden geboren
um doch nicht zu leben.
Um die Wiedergeburt zu erlangen
bedarf es eines langen Weges.
Mancher stirbt sein Leben lang.

Auf der Rückseite des Todes
läuft die Zeit ins Ewige

des Lebens Abriss
schreibt die zerbrechlichsten Blätter

Fasern des nicht Wiederholbaren
zerbröseln in der stillen Gewalt

zwischen den Fingern der offenen Fragen
treibt uns der Wind
bis wir wieder sind

wie Kinder
deren Drachen aufsteigen

im Rausch der Farben wandeln wir
bis an den Rand unseres Rahmens

fest steht er auf dem Berg
durchlässig für ein Geschick
das du nicht kennst

steinkreuz

die schatten im steinkreuz
find ich den niedergang
des zeittakts
versuch und irrtum
die lichtbögen
ins gedunkel zu ziehn
neig mich der erde zu
spür ihren geschmack
hör ihren ruf
den kreis zu erneuern
das ewige licht

verdingt

das schwarze niemandsland
entlässt die träume blind

es dingt zurück
den staubstoff
stein zu stein

die spur im gras
verwurzelt sich aufs neu
trägt keime auf
ins licht
nackt und scheu
zu sein

Die Morgenzeit

Eos ist die Gottheit der Morgenröte. Sie ist in der griechischen Mythologie die Schwester des Sonnengottes Helios und der Mondgöttin Selene. In der römischen Mythologie heißt die Göttin der Morgenröte Aurora. Im Christentum gilt Maria als die Morgenröte und Jesus als Sonne. Während der Adventszeit werden vor Sonnenaufgang zu Ehren Marias Roratemessen gelesen. Der Kehrvers der Liturgie heißt: „Roráte caéli désuper" was übersetzt bedeutet: „Tauet Himmel, von oben".

Der helllichte Tag wird in die Tageszeiten Morgen, Vormittag, Mittag, Nachmittag und Abend eingeteilt. Er dauert von Sonnenaufgang bis Sonnenuntergang. Der Morgen ist der Tagesabschnitt von Sonnenaufgang bis Vormittag. Die Morgendämmerung bezeichnet dabei den fließenden Übergang von der Dunkelheit zur Helligkeit.

Bereits im Morgengrauen beginnt der Vogelgesang. Die unterschiedlichen Vogelarten stimmen ihren Gesang zu unterschiedlichen Zeiten an. Der Grad der Morgendämmerung dient den Vögeln als artspezifischer Weckreiz. Da dies je nach Standort und Wetterbedingungen unterschiedlich sein kann, ergeben sich etwaige Ungenauigkeiten. Die Zeitdifferenz zwischen dem Beginn des Vogelgesangs und dem Sonnenaufgang ist jedoch überall gleich.

Die Feldlerche und der Gartenrotschwanz fangen neunzig Minuten vor Sonnenaufgang mit ihrem Gesang an, das Rotkehlchen pfeift achtzig Minuten vorher, die Amsel singt sechzig Minuten vor Sonnenaufgang, der Kuckuck ruft fünfzig Minuten vorher, der Buchfink vierzig Minuten und der Haussperling dreißig Minuten. Wenn der Grünfink tiriliert, sind es nur noch zehn Minuten bis zum Sonnenaufgang. Daraus lässt sich eine Voguhr zusammensetzen und die Zeit ungefähr bestimmen.

Durch die Ausstrahlung der Nacht ist die Morgenzeit mit Nebel, Tau, Reif oder Frost eine der kältesten Tageszeiten. Vor allem die Farberscheinungen der Morgendämmerung künden den Beginn des Tages an. Die rötliche Färbung am Osthimmel, welche etwa eine halbe Stunde vor dem Sonnenaufgang zu beobachten ist, wird als Morgenröte bezeichnet. Moleküle von Wasserdampf und Luft sorgen für die Erscheinungen. Sie streuen das kurzwellige blaue Licht stärker als das rote. So entsteht oben das Himmelblau und in Horizontnähe die rötlichen Tönungen. Dies geschieht dann, wenn die Sonne vom Betrachter aus gesehen unterhalb des Horizonts steht und ihr Licht in die oberen Luftschichten der Erdatmosphäre wirft. Der Morgenstern ist das hellste Gestirn vor dem Sonnenaufgang. Steht die Venus westlich von der Sonne, kann sie als Morgenstern im Herbst am Osthimmel gesichtet werden. Merkur leuchtet etwa zwei Wochen und Jupiter zwei Monate lang im Herbst. Die Sichtbarkeit des Sternenhimmels vor dem Sonnenaufgang hängt von der Jahreszeit und den Wetterbedingungen ab.

ひ§の

„Nur auf dem Pfad der Nacht erreicht man die Morgenröte." Khalil Gibran

„Es ist doch erstaunlich, was ein einziger Sonnenstrahl mit der Seele des Menschen machen kann."
Fjodor Michailowitsch Dostojewski

„Morgenstund hat Gold im Mund"
Redensart

„Der frühe Vogel fängt den Wurm"
Redensart

Sonnenwende

Auf dass es hell wird
gähnt die Nacht
auf dass es scheint
hallt der Mond
auf dass es leuchtet
seufzen die Sterne

doch die Sonne die am Vorabend
noch zeterte wechselte die Seiten
und lies die Vorredner
im Dunkeln stehn

Nebelfäden
verhängen die Äste

unter der Blätterfäulnis
harren Käfer verworren

Zweige lichtvergessen
knarren ins Gefeucht

die Morgenkehle
hackt leere Töne ins Land

Die Vogeluhr

Das Nebeldickicht, blassgrau, über Eichen
tröpfelt und nässt wie ausgeleerte Flaschen,
die umgekippt hängen aus Wolkentaschen,
die letzten Reste aus den Hälsen streichen.

Welch zögerliches Tagen, wenn Trübes weichen
muss, Nachtblaues hellt, im Gelb verwaschen,
den Dunst wie ausgeleierte Gamaschen
herunterstülpt, Wolken über Dächer schleichen

wie Asche ausgelöschter Feuer. Befangen
die Vogeluhr sich dreht, beginnt zu pfeifen,
am Horizont die Strahlen zur Orange reifen.

Amsel und Elster Dämm'rung abverlangen,
die Töne werden lauter, ungezügelt,
das Tickern schrillt, vom ersten Licht beflügelt.

Dunsttücher
umnässen mein Haar
Kälteschleier befrieren mich

Früher Morgen

Im Osten Licht, Nebel besprüht die Felder,
auf bleichen Pfeifen flöten Vogelkehlen,
aus hohen Kobeln Eichhörnchen sich stehlen,
in Kronen schwankt der Geist der Pinienwälder.

Es schimmert auf, wird heller Schein und bälder
ein Kuckuck ruft, kann sich nicht verhehlen.
Sein Nestling übt sich früh im Aufkrakeelen,
die Tauben gurren, werden Tagesmelder.

Schon rascheln Nadelbündel in den Zweigen,
im lichten Wind sie um die Stämme kreisen.
Die Wolkenschwämme werden bald verreisen.

Ein strahlend Blau das Morgenauferstehen,
die Mondsichel zieht sich zurück, vergehen
muss das Schwarz, Licht macht es sich zu eigen.

Blieb über dem Tag
die reinste Wolke
es blieb eine

Tiefausläufer

Der Nebel des Morgens
ein undurchsichtiger Horizont
aus Wolkengrau
der Lichtkampf des Sonnenaufgangs
und das wilde Schlagen des Ozeans

Schritte aus dem Schatten
das Nieselnetz das uns befällt
wie schlechte Träume

ein Reizklima der Witterung
das uns über den Rücken fährt
wie das Tosen des Windes
rau stürmisch aufgebracht

der Tag versickert im Tief
wie Kaffee im Sprung der Tasse

Dunst trübt Morgenauges

Blick Krähenschreie kreisen
Wurmlöcher schließen

Regentag

Wolkenschichten verschieben sich
weißer Dampf steigt aus der Erde
wie Säulen alter Tempelbauten

Windkrafträder schlagen um sich
zerreißen die Luftmassen in graue Fetzen

im Nebelschleier hüpft
eine Taube am Straßenrand
hinterlässt Trittspuren
im Sand des Vormittags

Sonne geistert am Horizont
blitzt durch das Gewölk
belichtet schaurige Umrisse
nicht enden wollender Trübnisse
eines Regentags

Alles wendet sich zum Licht
Augen blind vom Dunkeln
verhängen die Fenster

Anbruch

Nebel fasert ins Land,
verwischt die Aussicht
bei Tagesanbruch.

Aus weißem Dickicht
reißen Windradflügel das Blau
aus dem Dunst.

Rot alarmiert
der Herzschlag der Technik
Vogelpopulationen,
der Mitte nicht zu folgen.

Warnrufe der Krähen
kreischen ins Tal,
weiten die Grenzen des Raums
ins Unsichtbare.

Ich trete vom Fenster zurück
ihm Ohr das Echo
brütenden Vogelvolks.

Ein Grad im Grau

So fröstelnd riecht's, regnerische Trübnis,
die das Dorf an die Wolken verschachert.
Kein Kamin vertreibt dies Grau,
das den Dachstuhl bleit.

Der Vogel in aufgedunsener Wiese pickt.
Die Saat nicht aufgeht,
die den Winter auslässt.

Kein Beginnen des Tags,
wenn er seine Blüte nicht öffnet,
wenn sein Duftgespinst Trauer trägt
und in den Köpfen Schwarzes siegt.

Nur die Regentropfen
danken den Tod.

Fünf Uhr morgens in Taxenbach

Himmelsgestirne
feiern im Dunkeln die Stille.
Scheinwerfer erhellen den Gebirgskamm,
markieren die Höhendifferenz
des Gschandtner Bergs,
die sich allmählich verkleinert.

Die Schutzhülle der Nacht
gewährt auch den Rastlosen Schlaf.
Schnee tändelt leichtfüßig ins Tal.
Das rote Blinklicht des Streuautos
verkündet Straßenglätte,
weckt Schläfer auf.

Im Fensterkreuz blinzelt Licht.
Ich spüre den Wind
der durch die Ritzen zu mir spricht.
Wunderbarer Morgen,
schenkt mir Gelassenheit,
zu sein.

Taxenbach, Österreich

36

Der Sonnenaufgang

Überschreitet die Sonne den Horizont, wird sie sichtbar, man sagt, die Sonne geht auf. Eigentlich geht jedoch nicht die Sonne auf, sondern der Standort des Betrachters dreht sich als Folge der Erdrotation der Sonne entgegen. In Mitteleuropa geht sie im Sommer gegen vier Uhr und im Winter gegen acht Uhr auf. Der Sonnenaufgang ist zugleich der Beginn des Morgens. Er endet mit dem Vormittag. Im Allgemeinen spricht man vom Morgen als Tageszeit bis um zehn Uhr.

Die Sonne hatte für die Menschheit von Beginn an eine besondere Bedeutung. Magische Rituale um die tägliche und jahreszeitliche Wiederkehr, die Verehrung eines Sonnengottes oder die Sonne als Ausgangspunkt der Zeitbestimmung ist in vielen Kulturen belegt. Im antiken Griechenland verehrte man Helios als Sonnengott. Er war der Sohn von Hyperion, der von Uranos, dem Gott des Himmels und Gaia, der Göttin der Erde abstammte und der Titanin Theia. Seine Geschwister waren Selene, die Mondgöttin und Eos, die Göttin der Morgenröte. Helios hatte die Aufgabe, den von vier Feuerrössern gezogenen Sonnenwagen über den Himmel zu lenken. Er symbolisierte damit den täglichen Sonnenlauf von Ost nach West. Helios vermählte sich mit Klymene, der Tochter von Okeanos, Gott des Stromes, der die bewohnte Welt umfließt und Tethys, der Meeresgöttin. Die griechische Mythologie erzählt von vier Kindern, darunter Phaeton. Er bat seinen Vater inständig, den Sonnenwagen für einen Tag lenken zu dürfen. Doch die Fahrt geriet außer Kontrolle. Er verließ die tägliche Fahrstrecke zwischen Himmel und Erde und rief eine Katastrophe hervor. Feuer breitete sich über der Erde aus, weiße Asche fiel, ganze Völker gerieten in die Feuersbrunst. Ovid berichtet, dass Zeus einen Blitz geschleudert haben soll und so den Wagen zertrümmerte. Phaeton stürzte in die Tiefe, landete tot im Fluss Eridanus. Auf dem Grab soll nach Ovid geschrieben stehen: „Hier ruht Phaethon, der Lenker des väterlichen Wagens. Zwar konnte er ihn nicht steuern, doch starb er als einer, der Großes gewagt hatte." Dem griechischen Gott Helios entspricht der römische Sonnengott Sol Invictus. Im alten Ägypten war die Sonne selbst ein Gott. Die Bezeichnung der Gottheit mit Re oder Ra bedeutet Sonne. König Radjedef, Sohn des 2. Pharaos Cheops, erhielt den Eigennamen Sohn des Re. Unter seiner Herrschaft wurde der Kult um den Sonnengott Re zur höchsten Staatsreligion erhoben. Neben dem Pyramidenbau, den Totentempeln der Herrscher, wurden nun auch Sonnenheiligtümer errichtet. Laut der altägyptischen Mythologie herrschten neun Schöpfergottheiten in Heliopolis am Anfang der Welt als Könige. Der Ursprungsgott Re entsprang dem Urhügel, um die Menschheit zu erschaffen. Danach zog er sich wieder in den Himmel zurück, um mit dem Sonnenaufgang tagsüber zusammen mit seiner Tochter Maat in einem Sonnenschiff oder Sonnenbarke von Ost nach West über den Himmel zu fahren. Am Abend fuhr er mit einer Nachtbarke in das Totenreich. Das Symbol des Re ist der Obelisk, eine hohe Steinsäule mit einer pyramidenförmigen Spitze. Obelisken stellen die steingewordenen Strahlen des Sonnengottes dar. In Menschengestalt wurde Re mit einem Falkenkopf, obenauf mit einer von einer Schlange umwundenen Sonnenscheibe dargestellt.

 C3〜80

„Die Sonne ist die Universalarznei aus dem Himmelsapotheke." August von Kotzebue

„Ein Sonnenstrahl reicht hin, um viel Dunkel zu erhellen." Franz von Assisi

„Ewiger Sonnenschein ist eine Wüste."
Arabisches Sprichwort

„Jeder Sieg, den man über sich erringt, ist wie ein Sonnenaufgang." Tibet

Olympische Küste

Der Ozean ein Blautopas von weißem Licht gebleicht
und leichte Wellen die schäumend sich ans Ufer lecken
ein Rosaton der unbemerkt sich ausbreitet verstreicht
am Beugegrat des Blicks Visionen sich vollstrecken

sieh dort am Horizont wacht immerzu ein kleines Schiffchen
ein junges kaum zu sehendes Gewölk aufsteigt ein Siegel
das die Fahrt erhofft und wartet am Korallenriffchen
sich dann und wann ein Singen überträgt ein Götterspiegel

aus dem die Stimmen locken schön und sanft wie eine Muse
ein Chor der Göttinnen gehüllt in einen Nebelschleier
ein Winken gelöst von allen tritt hervor die lieblichste Meduse
spielt süßeste Töne der Verführung auf der Leier

und alle Götter scharen sich um sie am Himmelsknauf
ein Schillern Blitzen und Geglitzer meine Augen blenden
es zieht mich hin zu jenen Wesen in den Sternenlauf
Vergangenes will sich in Gegenwart vollenden

Zeitklippen

Oleanderrot
entlang thessalischer Gesteinswelt
zwischen aufragenden Steilhängen
färbt Hyperions Licht
spaltet die Zeitklippen
die das Übermaß an Geschichte umwirbt
längst dringt das Unmittelbare
in den Lidschlag
der das Übervolle ausgleicht

Spaltzeit

Sag Klymene
ist deines Wassers Schaum
schönste Göttin entstiegen

Uranos Geschlecht
vermochte die Versuchung
schmiedete Urmutter
die Erzsichel
zum Spalten der Zeit

Steintränen

Flügel des Windes sich drehen
reißen die Segel auf
stürmen die Klagen der Fluten
Wolken verbluten

Osttöne wimmern herüber
weinen ein altes Lied
tropfen die Tränen der Steine
Seelengebeine

Hundertaugen sich spiegeln
öffnet sich Hellas Licht
zeichnen die Pfade der Hände
Zeitenbestände

Prometheus Variation

1

Auf Höhen brennt noch Hellas Herz
es lebt Olymp
den Wolkendunst kennt wohl er der
kein Knabe mehr

So himmlisch flimmert seines Augs
Titanenspross
und all sein Schimmern wähnt
versunknes Blut

Wie flammte auf der Gruß im Blick
als eines Weltgewandten
der dennoch trauert
um seine Heimatstatt

Oh ihr Gewaltigen
was leiht ihr ihm in seiner Seel'
dies Schwingen
bezwingt das Werden
das ihm nicht Mutter ist

2

Wie kann er sehen Lichtes Zeit
so nah doch fern
wenn seines Sinnens Ungemach
ihn selbst erdrückt

Dort Kronos droht die Sichel hält
er schon vor ihm
und Zeus die Pläne kreuzen will
mit kaltem Herz

In all dem Wirren göttlicher
Verschwörung harrt
er doch und hält den Stengel hin
dass Feuer sprüht

Oh wes Gebärendes
es brennt die Welt die ihn umschließt
welch' Schmerzen
Kaukasus wartet
Zeus trotzte er für sie

3
Verbanne dieser Ängste Fluch
der Kunst geweiht
geschmiedet einzigartig an
ein Kettenland

Der Adler fliegt an ihm vorbei
des Hungerns müd
es stürmt die Erde ungebändigt
die Allgewalt

Wer wird es wagen gegen alles
das ihn schon jagt
und diese Fackel wird sie lodern
getreu dem Gruß?

Hört die Gezeiten
sie fragen nicht ob es gefällt
dies Rauschen
beraubt des Denkens
dem Wahnsinn ausgeliefert

Morgenbad

Wie früh der Sonnenrost Kohlen zum Glühen bringt,
wenn er die Morgenschaufel aus dem Karren greift,
wenn er mit Feuerpeitschen den Wagen glutig seift,
bis glitzert seine Bahn und das Gefährt anspringt.

Den Mond treibt er ins sternenmüde Schlafgemach,
uns einheizend in Folgen, ununterbrochen wie in Serien.
Verstummt das Lärmen aus den Straßen, es sind Ferien.
Im Schlafgelände spielen Kinder ohne Krach.

Der Brunnen plätschert über die Kaskaden,
die Amseln hüpfen auf den Rand köstlicher Schänke,
Sperlinge folgen, bevölkern lauthals Ruhebänke,
bevor sie stürzen in den Wasserfall zum Baden.

Sie gurgeln flügelschlagend, spritzen und krakeelen.
Vorbei die Morgenstille, alles hallt im Zwitschern,
es zischt, wenn sie im Becken schrill auftitschern.
Selbst Phaeton kann Verwund'rung nicht verhehlen.

Tempel des Amun

Lichtgold färbt den Stein
Bei jedem Schritt wirbeln
Partikelteilchen des Minerals
aus den Hallen der Huldigung.

Mauerblüten wachsen im Steinmoos,
in den Ausschnitten mildert
das Lächeln der Figuren
die Preistreiberei.

Unverstellt das kalte Auge
im Objektiv der Zeit,
das Ausblitzen des Sonnengottes
in der Dämmerung der Kolonnaden.

Isis und Osiris wachen
im göttlichen Territorium
über die Steinfrüchte der Jahrtausende,
ein Falke verliert Federn.

Die Säulenhalle

Schritte hallen im Säulengeviert,
Allherrscher verbergen sich
in den Heiligtümern der Tempel.

Im Mosaik der Inschriften
beben Felstauben, blättert ihr Gefieder
Sandstaub aus dem Gestein,
golden und silbern verglimmend
in den Insignien der Sonne.

Ausgrabungen entziffern
auf dem Schutthaufen der Sortierungen
die Hintergründe der Blöcke und Mauern.

Aus dem Kolorit der Erinnerung
äugen verborgene Dynastien.

Steinuhr

Wo die Grate der Tempel
in den Himmel treffen,
endet der Blick.

Die Schwere des Sandsteins
fällt auf die Erde zurück.

Auf das Gesims der Stufen
hämmert der Wind
seine Böen.

Abgelegte Schleier
blenden im Licht.

Die zerstäubte Zeit
wird sichtbar.

Grabstätten

Pyramiden im Wüstensand
beten Steinblock für Steinblock
den Himmel an.

Basalt gestützt
die steinernen Monumente
der Pharaonen.

Grabkammern, geschützt
vom Rosengranit der Irrgänge.

Alabasterweiß
die Altäre der Priesterschaft.

In den Iden des März
starb die Dienerschaft
unbalsamiert.

Tagesanbruch

Mein Tempel ist leer.
Nacht schöpfte die Hitze ab.
Das Träumen endete
mit dem Morgenrot.

Ein Muli schreit
sich das Grau von den Augen.

Die Sonne sticht ihre Strahlen
in die Haut des Morgens.

In unauffälligen Bauten
legt der Tag Zeugnis ab.

Gelassen der Atem des Nils
vor dem Auftauchen
der Krokodile.

Morgendämmerung

Oh wie die Nacht so kühl sich neigt,
noch schweigt der Bäume leises Rauschen.
Die Vögel ihre Flügel bauschen
zum Aufflug in das Taggerüst.

Das Morgenrot am Horizont
die Bäume in den Schatten sonnt.
Bald abzieht unterm Feuervogel
das Dunkelgrau über dem Kogel,
bis alles Trübe eingebüßt.

Dahinter Sonne strahlt und funkelt.
Nachteulen haben ausgedunkelt.
Was lang verborgen, wird sich zeigen,
was aufgeblüht im Licht nicht schweigen.

Herbstfieber

Die Stadt trägt schwer am Blättern ihrer Bäume,
die ausgezehrt im Feuerrot verglühn.
Im strengen Wind zerstoben Fieberträume,
wenn auch die Amsel weiterschaukelt kühn

im Karussell der Äste. Die Wolken brettern
im Schnelldurchgang voran. Was wird sich mühn,
Schritt zu halten mit den rauen Wettern,
wenn nur noch Herbstzeitlose in den Gärten blühn?

Aber im Fluss die Schwäne treiben lautlos
durch Wind und Kälte, als wären Jahreszeiten
bloß Erfindung, Flunkerei des Kosmos,

den tagesfrühen, blinden Dunkelheiten
Bedeutung zu verleihen, die sich ausdrückt
in Gewittern, der Lebenslust entrückt.

Saarbrücken

Wintermorgen am Staden

Am Staden raunt die Saar, verdampft Gespenster
und Bänke ducken sich in Strauchverstecken,
dort Hagebutten kugeln aus den Hecken.
Der Himmel öffnet kleine Wolkenfenster,

aus welchen Raureif rieselt, fällt. Längs der
verlassnen Ufer Enten Köpfe recken,
bevor sie schlingern durchs kalte Wasserbecken,
die Bahnen engen Frostflächen begrenzter.

Das Eiskristall aus hohen Fronten fiel,
das unaufhörlich klirrt wie Harfenspiel.
Es betet Silberglanz in Winterkatechismen

die frohe Botschaft. Weiß schimmern Prismen,
erhellen Bilder, Wege aus der Nacht,
bis alles Dunkle ans Tageslicht gebracht.

Saarbrücken

Nebelung

Die blaue Kälte weilt auf den Chausseen,
verstößt den trüben Dampf aus Himmels Nüstern
wie bleiche Geister. Inmitten dieses düstern
Vernebelns ringt der Tag um Auferstehen.

Die nackten Bäume betteln in Alleen
um etwas mildes Licht des Sonnenlüsters
voll Freude, angesichts des Geflüsters
der Krähentrupps im Kahlgeäst der Schlehen.

Und Schilder, ausgewaschen, auf den Brachen
noch Wege weisen in einsame Leeren.
Zurück geblieben auf den Pfaden Lachen

des Schneefalls, darin entkräftet Vögel sich trimmen,
bevor sie untergehn. Sie fischten nach Beeren
der Ebereschen, Leben und Tod verschwimmen.

Saarbrücken

Wintermorgen

Schwarze Luftzüge
kreuzen im Zyanblau
Standvögel fliegen Haken

Im Rotreif gebranntes Siena
spröder Blätter knittert
Eichelhäher stöbern

Im Wasserlauf
wellt sich das Licht

Spiegelbilder
vom Frosthauch gebleicht
treiben im Köllerbach

Ostwind

Sonne blitzt im Nebelschleier
über dem Schlossteich raunen Frostfontänen
steigen auf aus der Eishaut

grüne Pfauenaugen funkeln
im blauen Gefieder des Schlossvogels
den Weg aus Grassilber ablaufend

an starren Halmen zerren weiße Schwäne
löschen das Morgenkristall
an der Grenze des Zauns

Schafe unterm Baumbestand sich vereinzeln
im kalten Dunst des Ostwinds
wirrt die Mondscheibe

Chateau Monhoudou

Meeresdämmerung

In der Dünung
die aus dem Nebelmund
Paläste entsunkener Nächte aushauchte

schoben Pinienäste das Grau
von den Lichtkuppen der Wolkenberge

Mond wob seine weißen Quellen
durch den Sternenstaub
die bleichen Dünenrosen fröstelten
unter verbläutem Gestirn

fernab den gewaltigen Weiten
erhoben sich erste Laute:

das Schnarren der Sandwürmer
das Schleifen der Meerzunge
der Balzruf der Tauben

unter dem Dämmerungsschleier
blinzelte die Sonne
wie das Rosa knospender Flechten

Côte d'Argent, Le Porge

Sandbild

Wasserflecken leckt der Wind und träufelt sie
auf das Gesicht des Sandbilds das die Nacht überdauerte
in den Kuhlen wohnen bald Sandfliegen und Seefenchel

der Tag sammelt das Licht hakt es in die Ösen des Bogens
spült unbeeindruckt von Feststehendem die Farben weich
und zeigt den Seeschwalben die Richtung an

für den Flug in die Wärme die wartet auf den Kuss
des Morgenmunds aufblühend am Saum des Horizonts
dunkelsilber noch trunken vom Gesang der Sternenbilder

Ramsgate, England

Katzenjammer

Die Sonne ruht morgens in Wolkennestern.
Wie müd sie gähnt! Die Strahlen fallen flach.
Das Dunkel dämmert, Sterne funkeln schwach,
der Mond vergilbt, er fängt schon an zu lästern.

Im Sonnenauge träumt der Schlaf vom Gestern.
Jetzt bläst der Wind, vertreibt ihn ohne Krach.
Der Himmel bläut, die Sonne jammert: „Ach". -
Und Schatten flimmern, sind des Lichtes Schwestern.

Ich dreh mich um, die Fensterläden klappern,
die Spatzen unterm Dach ganz munter plappern,
verkriech ins Betttuch mich, will mich nicht trennen,

doch Helligkeit durch alle Ritzen blitzt,
die Katze hin zur Klappe trippelt, flitzt.
Ich hör sie hinterm Haus 'ner Maus nachrennen.

Auf der Gartenbank hinter dem Haus

frühmorgens in der Wiese sitzen
nichts hören als Vogelstimmen
nichts sehen als Nebeldunst
nichts fühlen als feuchte Luft
am Himmel die weißen Schlieren der Flugbahnen
zwischen den Atemzügen spüren
die Stille allen Anfangs

Püttlingen-Köllerbach

Herbstmorgen

Von Halmen tropft der Tau der Nacht,
die Nebel streifen Beet und Heide.
Wenn Dunkelblau die graue Fracht
verdichtet, die sich entzieht, verflacht,
sonnenvergoldet voller Pracht,
wiegt schon der Herbst die Weide.

Aufbruch

Verstaubt ruht Mauerwerk
im zögernden Aufbruch,
stellt sich dem Straßenwind entgegen.

Fenster sehen verschleiert aus,
öffnen sich langsam dem Licht,
das sich in Spiegeln ergibt.

Asphalt rüstet sich auf
vor dem täglichen Fußtritt,
atmet sein Schaudern aus.

Leise reckt sich der Riese,
setzt behäbig den Anfang
auf den Schlusspunkt der Nacht.

Roter Morgen

Heut Morgen scheint der Himmel voller Sprenkel,
mal blau, mal rot, es leuchtet wahre Pracht,
als ob ein Ofen aus frisch geschürtem Schacht
die Farbenglut verschüttet; er hält den Henkel

des Topfes über Kopf. In den Senkel
hat die Sonne ihn gestellt, sie konnte die Macht
der ersten Strahlen nicht verschicken, gekracht
hat es schon früh, der Wind macht kein Geplänkel.

Die Kälte ist für manche wie ein Knebel,
der sich zuzieht, er bringt das große Zittern.
Ein Blumenduft bekämpft das karge Bittern.

Es wird doch hell und warm nach all dem Nebel
der letzten Zeit, es modert in den Grüften,
soll er abziehn, musst du die Fenster lüften.

Sommermorgen

Am Himmel schlagen Federn weiße Zöpfe,
die Vögel pfeifen zart, die Luft bläst schwach,
und Enten watscheln reihenweis' zum Bach,
der Frühsport bringt den Leuten heiße Köpfe.

In Blumenkörben Bienen sich erschöpfen
und Tröpfchen glitzern, kullern leis vom Dach,
am Boden wetzen Ameisen sich wach,
und um den Wurm sich Spatzen streiten, schröpfen.

Da werd' ich wach, geh trunken an das Fenster,
sie flattern immer noch, was soll man sagen,
so früh am Morgen sollt man sich vertragen.

Jetzt stürmen all die Mäus' unter den Ginster.
Kein Wunder, Raben kreisen, schwirren aus.
Ob sie von oben trotzdem sehn die Maus?

Alkazars Brunnensee

Morgenatem entzündet ein Inferno des Lichts
haucht Blättergespinste in Akazienzweige
verteilt gelbe Rispen rosa Dolden

auf Alkazars Brunnensee rieseln Wassersterne
Fontänen glitzern an der Neige des Holzsteigs
Tropfentänze aus Sprudeltürmchen gehüpft

den Himmelsspiegel überbrückend
säuselt Leichtigkeit entfesselt
den Wimpernschlag zeittrunkener Augen

Larissa, Griechenland

Sommermorgen an der Burg Bucherbach

Die Burgruine aus dem Mittelalter
verbirgt sich hinterm Morgensonnendunst.
Drei Türme, festgemauert, Zeit gepunzt,
verschleiert ruhn wie Abstandshalter

zur Gegenwart im Wiesenrain. Verhallter
entwirrt das Licht die Feuerbrunst-
Geschichten, Niedergänge. Mit zarter Inbrunst,
Geflüster, liest Elisabeth im Psalter

das Loblied an die Erde. Und aller Aufbruch
sich zögernd spiegelt in Mauerfenstern,
die restauriert, vergittert, den Bannspruch

noch auf sich tragen. Im Neubeginn des Sommers
trennt Kälte sich von Wärme, gleich Nachtgespenstern,
die fliehen vor historischem Kommerz.

Burg Bucherbach, Püttlingen-Köllerbach

Zeitsprung

Aus über uns
unter uns
weilen noch
Zeilen alt

manchmal
bleiben sie
am StraßenRand
bildvoll vergessen im
HalbLicht gestrichen

zwischen Erinnern
und wieder Sehen
pinselt die Zeit
ihre zornigen Brücken

Kein Auge das
nicht Lücken suchte
im Jetzt für das
Dies und Damals.

Der Vormittag

Zwischen dem Morgen und dem Mittag liegt der Vormittag. In der Antike war der Vormittag das zweite Viertel des Lichttages. Er dauerte vom Anfang der vierten Tagesstunde bis zum Ende der sechsten Tagesstunde. Die christlichen Gebetszeiten lehnten sich im Mittelalter an die antike Tageseinteilung an. Das Vormittagsgebet war die Terz. Es wurde durch die Kirchenglocken ausgerufen. Die ersten brauchbaren Uhren wurden von Mönchen entwickelt Seit dem 12. Jahrhundert gibt es die Spindeluhr mit Gewichtsantrieb. Die lineare Zeitrechnung war erfunden und seither bemisst sich das Leben nach den Takten der Uhrzeiger. Die Räder- bzw. Spindeluhr diente in den Klöstern als Nacht- und Weckuhr und breitete sich als Turmuhr in den Kirchtürmen in ganz Europa aus. 1511 erfand Peter Henlein die tragbare Federuhr, 1656 Christian Huygens die Penduhr. Eine eigene Uhr besaßen jedoch nur die reichen Höfe. Das Volk orientierte sich an der Kirchenuhr. Dies änderte sich erst allmählich mit der Erfindung der Taschenuhr im Lauf des 18. Jahrhunderts. Von da an wurde die Uhr auch zum modischen Gegenstand.

Die Sanduhr als Symbol der Vergänglichkeit und der zerrinnenden Zeit und die Sichel oder Sense als Todessymbol sind die Attribute des Zeitgottes Chronos, einer der letzten zwölf Kinder von Gaia und Uranos. Er entmannte seinen Vater mit der Sichel und nahm ihm somit alle Schöpfungskraft. Aus Angst davor, dass ihm das gleiche Schicksal widerfahren könnte, verschlang er seine eigenen Kinder nach ihrer Geburt bis auf Zeus, den seine Gattin Rhea retten konnte. Auch Zeus wurde zum ausführenden Arm der Zeit. Er schlug Chronos später mit einem Blitz nieder, um ihn zu entmannen. Die griechische Mythologie findet sich sprachlich in den Termini der Zeiterfassung wieder. Die Lehre von der Zeitrechnung heißt Chronologie, ein Chronometer ist eine mechanische Uhr, ein Chronoskop ein Messgerät kleinster Zeitabschnitte und die Chronometrie ist die Lehre von der Zeitmessung.

Der Begriff „mitten morgen" diente im Mittelhochdeutschen der Unterteilung des Zeitraums vom Tagesanbruch bis zur Mittagszeit. Im Spätmittelhochdeutschen sprach man von „vor mittag". Im Hochdeutschen wurde dies durch „Vormittag" ersetzt. Im Allgemeinen beginnt der Vormittag mit dem zweiten Frühstück und endet mit dem Mittagsessen. Der Vormittag ist Arbeitszeit. Arbeitsbeginn und Arbeitsende sind genau vom Arbeitgeber festgelegt, es sei denn, es herrscht gleitende Arbeitszeit. Eine Vereinheitlichung der Zeitmessung wurde erforderlich, als das Wirtschaften an bestimmte Abläufe gebunden wurde und gegenseitige Abhängigkeiten entstanden. Ungleiche Stunden, Planetenstunden, Sternzeit, Weltzeit oder Ortszeit mussten einer exakten Zeitmessung angeglichen werden, da die Güterproduktion und deren Transport einen höheren Grad an Genauigkeit und Zuverlässigkeit erreichen mussten. Der Arbeitsalltag des ersten Industriearbeiters lies zwischen Arbeitszeit und Freizeit nur wenig Freiraum. Erst mit der Etablierung von Gewerkschaften und der Tarifautonomie setzte sich ein Zeitbewusstsein durch, das zwischen fremdbestimmter Arbeitszeit und eigenbestimmter Freizeit trennte. 1893 wurde mit der Einführung der Eisenbahn eine internationale Zeitvereinbarung getroffen. Die Ortzeiten wurden abgeschafft und durch Zeit-Zonen, in Deutschland die Mitteleuropäische Zeit, ersetzt. Die Sekunde wurde von 1956 an astronomisch genau als Teil des tropischen Sonnenjahres 1900 definiert. Seit 1972 gelten in allen Zeit-Zonen die Maße der Atom-Uhr.

ଔଓ

"Heute ist die Utopie vom Vormittag die Wirklichkeit vom Nachmittag." Truman Capote

"Morgen für Morgen kommt man zur Welt."
Eugène Ionesco „Der König stirbt"

„Es ist noch nicht aller Tage Abend."
Titus Livius 1. Jhd. v. Chr.

Lichtzeit

Es sind die Tage,
die mir Wasser in die Augen treiben,
wenn meine Netzhaut dem Licht standhalten will,
das sich durch die Zeit schleicht,

ein sagenhaftes, helles Licht,
eine Aura, die Feen umgibt und Engel,
dieses Licht, das sich nicht scheut,
hier zu rufen, um dem Tag das Gesicht zu zeigen.

Da sehen wir uns gegenüber,
das mutige Licht und die Fremde,
die darin keine Heimat findet.

Der Zwang zur Gegenwart überfällt mich,
Zeit wird spürbar und klopft mit jedem Pulsschlag
die Wegstrecke ab, die vor mir liegt.

Aufwärmflug

Licht flieht aus der Dämmerung und die Wolken
dicht gedrängt bewegen sich leicht
nachtgerändert mit ausgedehnten Flügeln
wanken Wintervögel perlengezogen
hoch über meinem Kopf

unter der Last der Kraftfahrzeuge schwankt vor mir
die Gersweiler Brücke verdampft den Kältefrost
auf Laternenköpfen streiten Raben
übertönen im Kampf um den Wärmplatz
das Motorengedröhn

am Saarufer schläft noch Reif und Eis
Stockenten rutschen über Frostflächen
und Hunde rennen der Kälte davon

Saarbrücken-Burbach

Laufzeit

Feuer fangen die Scherenschnitte der Stämme
verbrennen im Schoss der Lichtkralle
ich wandere auf dem Kohlepapier der Dämmerung
auf grünen Strichen im Umland

Tritte des Aufbruchs rucken an meinen Fährten
unbemerkt wächst der Umriss sichtbarer Dörfer
sie streifen die Nacht ab wie Läufer den Schweiß
wenn sie unter die Räder der Bewegung gelangen

an der Staumauer ist die Vorfahrt eingezeichnet
der schräge Abriss des Damms sticht ins Wasser
Enten rutschen auf glattem Beton in den Seegang

Asphalt geschmolzener Stahlknochen
grinst grau in den wägbaren Himmel:
Muskelspiele für die Ablösung der Laufzeit

Bostalsee Bosen

Nachsehen

Am Tag fällt der Alkoholiker
in wache Minuten
und will wieder schlafen.
Eine Grauhaarige trottet müde
über den Markt.
Die Liebende macht Feierabend.

Es rollt der volle Zug vorbei,
Geräusch verrät Ungeduld.
Jemand schreit den Preis aus.
Die Käufer zahlen nicht nur jetzt.

Kaffeeschlürfend träumt vielleicht
Einer, der den Morgen verpasst hat.
Er sieht der Zeit nach. Und keiner
weiß, wer das Nachsehen hat.

Welche Begrüßung am Morgen

das Scheppern der Mülleimer
hallt noch Papierschnipsel
kriechen am tränentriefenden
Boden huschen davon
die Minuten von gestern
und winken dir ein
Lebewohl nach

Wer früh aufsteht
hat das Dämmern in den
Augen und im Kopf
die Windbrise fegt
über die Bürgersteige
einige greifen nach ihren Hüten
um das Loch abzudecken
voll weggeschobener Gedanken

Vergiss den guten Willen
nicht das Wohlwollen
anderer bringt dir Glück
Händeschütteln und Zulächeln
freundlich sein und bleiben
einen Tag lang verbeugen
vor der Einfalt dieser Welt

Ich möchte diesen Tag ohne Irrungen

beginnen, der Morgen setzt sein Lächeln auf
und glänzt durchs Fenster.
Die Saarbahn fährt wie jeden Tag,
festgeschraubt, unausweichlich.

Mein Gegenüber spricht mit Nachbarn,
niemand interessiert, was sie sagt,
ihre Sprache dient dem Zeitvertreib.

Ich sehe auf dem Ziffernblatt,
wie die Zeit davon läuft,
eile in Gedanken hinterher, froh,
dass ich aussteigen kann.
Während der Morgen kläfft
und mir die Minuten streitig macht,
fahren andere weiter.

Und ich in meiner Siegerlaune
gehe die drei letzten Meter zu Fuß.
Die Düfte der Frühjahrsblüher sind süß.

Saarbrücken

Wer zählt noch

Ein Morgen im Büro.
Stell den Tag schneller,
damit die Zeit vergeht.
Nutzlose, ungeschützte Zeit.
Am Abend greift jemand
danach und verschüttet
ein paar Minuten.
Wer sie aufsammelt,
lebt jetzt und morgen
wieder nicht. Warum
zählt man noch. Unbedeutende
Stunden. Übermorgen
fallen schon die letzten Blätter.
Wer nackt ist, sucht
sich sein Kleid.

Marché aux Puces

Die rasante Luft des Sonnabends
streut ihr Gefieder über die Märkte.
Die Karossen der nach vorn Bewegten
dünsten Pech und Schwefel aus.

Händler fliegen unermüdlich
um ihre Waren und verhandeln.
Den Augen der Geschäftigkeit
kein Staubkorn entgeht.
Ruhelos werden sie
hin und her geweht.

Der Flohmarkt in Paris quillt über,
singt das Lied der Ungeduld,
schreit, lacht und hofft zu finden
und in den Händen zu halten
diesen Tag, der wie ein
vollgeschriebenes Blatt
tintenschwer blutet.

Paris

Boulevard Ornano

Menschengetümmel zwischen
den Ständen auf den Trottoirs,
und parkende Autos, die Straßen beengen.
Ein energischer Verkehrspolizist versucht
unermüdlich, Staus aufzulösen.

Im Vorbeifahren träumt
auf dem Hügel Sacré-Coeur.
Ein Quartier wie ein Bienennest,
fleißig und aufgewühlt,
hungrig und durstig,
Milch und Honig suchend.

Farbiges Straßenbild
mit arabischen Zeichen,
maghrebinischem Tuch
und afrikanischer Folklore.
Aus allen Poren strömt Welt.

Schweiß von Metropolis
perlt über den Asphalt,
verbindet die Seiten,
die in all ihren Verzweigungen
immer wieder zusammenfließen.

Paris

Vormittag in der Champagne-Ardenne

Rosskastanien breiten majestätisch
ihre Äste über Wiesen aus
rosa Blütenkerzen brennen in den Himmel

im Gänsemarsch schlendert
am Zaun entlang eine Kuhparade
unter überhängendem Gesträuch
lässt sie sich für ein Schäferstündchen nieder

Weizen schosst messerscharf in die Höhe
ins samtgrüne Feld stößt Luftgebläse Wellen
bis das Getreide die Klingen kreuzt
Rapsfelder verlieren ihr Gelb

in Ceffonds schneidet die Kirche
ihr Mauerwerk in die Straße
weist Pilgern den Weg zur Kapelle
für das Stundengebet des Frühlings

Fachwerkhäuser lehnen sich zurück
empfangen Goldregen und Fliederblüten
vor den Toren des Eingangs
von blauen Schwertlilien bewacht

Auf dem Weg nach Cognac

Von Pfosten zu Pfosten eilen Stromleitungen
werfen Schattengirlanden am späten Vormittag
auf die Rue Nationale

an den Straßenseiten wandert die Springprozession
der Rebstöcke erstes Weinlaub entblättert

bei Barbezieux bewachen linientreu auf Anhöhen
Birkenreihen den Straßenasphalt der zwischen
den Schutzwällen der Landschaft
endlos in die Ferne wächst
sich durch Ackerland und Wiesen schlägt
die sich von gelben Blütenständen übersät
im Fahrtwind wiegen

weiße Schafherden grasen,
weiden unter Baumkronen
nehmen Maß für die Mittagsruhe

Entladungen

Behäbig funkelt die Meeresebene
spiegelt grelle Blitze
senkrecht fallen sie aus Wolken
auf den Wellengrat
verdampfen zu einer Säule
die nach oben schlägt
in die Schlieren von Flugzeugen
ins Gewölk verströmt

plötzlich scheint alles so nah
als könnte man den Finger legen
auf die Spur der Entladungen
und sich emporschwingen
ins Unerreichbare
für einen Augenblick
trägt mich die Stille
an die Stelle des Lichts

das Scheppern der Stahlseile
entreißt mich der Trägheit
des Vormittags er streut sein Gemurmel
über das Hafengelände
zwischen die Dockarbeiter
die an Abgrenzungen
die Gitterstäbe des Tages
neu ausrichten

Ramsgate, England

Der Mittag

Mit Mittag ist der Zeitpunkt gemeint, an dem die Sonne auf ihrer Tageslaufbahn, auch Tagesbogen genannt, den höchsten Stand des Tages erreicht. Die Sonne steht nahe dem Zenit, d.h. senkrecht über dem Standort des Betrachters auf der Erdoberfläche. Dies geschieht, wenn sie durch den Meridian eines Standortes zieht. Der Meridian ist im Gradnetz der Erde ein halber Längenkreis, der von einem Pol zum anderen verläuft. Die Mittagslinie ist die Verbindungslinie zwischen dem nördlichsten und südlichsten Punkt in der Ebene des Horizonts.

Mittags ist der Schattenwurf der Sonne am kürzesten. Sonnenuhren messen den Sonnenschatten. Sie zeigen generell über den Tag verteilt den jeweiligen Stundenwinkel der Sonne an. Die Messung erfolgt durch einen parallel zur Erdachse angebrachten Polstab oder Gnomen. Er zeigt den Schattenstand an, der auf das nach Stunden skalierte Ziffernblatt fällt. Bei Mittagssonnenuhren zeigt der Mittagsweiser den Zeitpunkt des Mittags bzw. den Durchgang der Sonne durch den Meridian an. In der Nautik wird dies Mittagshöhe genannt. Im allgemeinen Sprachgebrauch ist mit Mittag der Zeitpunkt um zwölf Uhr gemeint.

Die Mittagsglocke oder das Zwölfuhrläuten der Kirchenglocken gehört zum Angelusläuten, das morgens, mittags und abends zum Angelusgebet aufruft. Die Mittagsglocke erklingt zur Passion Christi am Kreuz. Die Sonne ist ein Synonym für Wärme, Fruchtbarkeit und Geborgenheit. Martin Luther schrieb: "Die Propheten sind die Sterne und der Mond aber Christus ist die Sonne. Gegen die Predigt Christi ist alles Nichts. Er ist beides, die erste und die letzte Stufe an der Leiter gen Himmel. Durch ihn müssen wir anfangen, fortfahren und hindurch zum Leben kommen. Ich verstehe in der Schrift nur Christus, den Gekreuzigten."

Mittags wird die Hauptmahlzeit eingenommen. Dies geschieht während der Mittagspause. Für Berufstätige bieten Kantinen einen Mittagstisch an. Die Mittagsruhe ist eine Erholungszeit. Von dreizehn bis fünfzehn Uhr gelten besondere Lärmschutzregelungen. So dürfen beispielsweise Rasenmäher, Grastrimmer und Laubsammler während dieser Zeit nicht betrieben werden. Musik muss auf Zimmerlautstärke beschränkt werden. Der Mittagschlaf steigert die Leistungsfähigkeit. Es reichen fünfzehn Minuten, um die Konzentrations- und Reaktionsfähigkeit zu erhöhen. Das sogenannte Powernapping erfrischt, es ist ein Leichtschlaf. Dauert das leichte Nickerchen länger als zwanzig Minuten, fällt man in einen Tiefschlaf. Das hat zur Folge, dass der Körper eine längere Zeit braucht, um wieder hochzufahren.

In besonders heißen Gegenden wird Mittagsruhe oder Siesta gehalten, d.h. die Arbeit wird für längere Zeit unterbrochen und ruht. Dementsprechend länger dauert auch die Mittagspause. Die Geschäfte öffnen meist erst zwischen sechzehn und siebzehn Uhr wieder. Die Schließzeiten verschieben sich in den späten Abend. Eine Siesta, wie sie in den südlicheren Ländern üblich ist, ist ein ausgiebiger Mittagsschlaf, der bis zu zwei Stunden betragen kann. Das Wort Siesta geht auf die lateinische Bezeichnung „sexta hora" zurück, also die sechste Stunde nach Sonnenaufgang.

ℭঙ৵০

"Wende dein Gesicht der Sonne zu, dann fallen die Schatten hinter dich." Afrikanische Redensart

"Wenn du den Hahn auch einsperrst, die Sonne geht doch auf." Indische Redensart

„Das Glück ist wie die Sonne. Ein wenig Schatten muss sein, wenn es dem Menschen wohl werden soll."
Otto Ludwig

In der Mitte der Sonne

hält sich im Gleichgewicht
was wir nicht gegeneinander
abwägen können

die Flammen
die Hitze

im Schmelztiegel schleppt sich
dein Himmel ins Licht
versengt das innere Auge

Landschaften zerfallen zu irdischer Asche
erdwärts ihr Rückzug
überstäubt den nackten Boden
mit göttlichen Buchstaben

schöpft die Abschrift des Neuen
aus dem Ewigen
eine höhere Kraft

Im Zenit

In ausgestorbenen Straßenfächern
schwitzen die Dächer.
Grell spleißt Licht sie auf.
Menschendunst verstickt die Luft,
wallt über trockenem Asphalt.

Schläfrige Spatzen stöhnen
auf weißen Fenstersimsen.
In die heiße Stille
schreien suchende Katzen.

Abgestandener Müll gärt,
bläut verdorbenen Tagesgeruch auf.
Ventilatoren jagen Wind in die Kammern.

Die Stadt versteinert
auf ihren erwachsenen Plätzen.
Kinderlachen zerreißt ihr Schweigen.
Aus Regenschauern fällt leise Trauer.

Sommerschloss

Nun ringt das Schloss wie ein geworf'ner Kiesel,
der Kreise zieht, bevor er untergeht,
mit praller Glut, da im Zenit hochsteht
die Sonne, die feuert wie ein alter Diesel

auf's Fensterglas, durch welches Lichtgeriesel
unablässig Hitze brennt. Es fleht,
das Strahlwerk abzustellen, bevor vergeht
der Tag. Aber der Regen nicht mal Niesel

schickt, die heiße Mittagsluft zu kühlen
mit einem Wolkenheer, das Wind getrieben,
am Schattenpendel zieht mit Böenhieben,

Gewitterdonner, um Sturmsinn aufzuwühlen,
der endet dieses Sengen mit kalten Kräften,
das Leben aufzuwecken mit feuchten Säften.

Saarbrücken

Früher Mittag

Am frühen Mittag schlafen Seevögel auf dem Hafenasphalt
hoffen auf die Nahrung des Kutters der sich Zeit lässt
als wäre ein Feiertag entflohen und alle Arbeit abgesagt

in Wasserlachen spiegelt sich Grüngestein
Grasmatten wirft ein Erdschatten von der Hafenausfahrt
auf die Wege der Landungsbrücken zu den Booten

wiegen sich an den Stegen in den Schlummer
rot gerieben an den Farben des Taus ausgebrannt
vom täglichen Treiben auf der Fahrt nach mehr

Ramsgate, England

Mittagsglocke

Salzkrusten haften an angeschwemmten Algen
in Sandfeldern landen Brachvögel wächst Blasentang
sorgt Windfeuer für die Verwirbelung der Zeit

bunte Bojen markieren die Fahrrinne für das Motorboot
läuft am Ankerplatz ein die Konturen der Fahrt
von Sonnenstreifen nachgezeichnet

lassen Nähe und Ferne zu vor der Mittagsglocke
ein Lastkran neigt unentschlossen sein eisernes Maul
auf die Frachtfähre senkt ihre Rampe erstarrt

Ramsgate, England

Wolkenfuge

Sonnenringe verzerren die Entfernung
überlagern den Weitblick der den Horizont
in blaue Streifen teilt in Wolkenfugen
die Windklänge eine Raumsinfonie
aus hitzigem Mittagsdur

über der Gischtspur schwirren Möwen
greifen nach der Zeitmelodie
die kein Verständnis hat für Aufgeschrecktes
und die Eile von den Wellen spült

im Regelwerk der Stunden pendeln
die Silberflächen des Meeres
treiben sich gegenseitig an
bis die Krümmung des Lichts
die Konturen im Unkenntlichen bricht

Côte d'Argent, Le Porge

Licht im Spiegel
die Umkehrung der Schatten

Mittagsdissonanz

Auch das Windflüstern schläft.
Der Horizont zaudert sonnenbehaart,
spinnt seinen Bogen ins maisgelbe Flimmern
und verschwimmt zwischen dem Wolkenpuder,
den der Himmel sich auf die Lider legte.

Der Sonnenstand kulminiert,
das Zeitgespinst glüht unter der Belichtung,
trifft auf Mörtelzeichnungen, auf Häuserreihen,
auf das Staatstheater, das angegraut und benommen
zusammenzuckt, eine Erschütterung,
die durch meine Glieder fährt
und mir für einen Moment das Schaubild verzerrt.

Plötzlich steigt jemand trunken
auf die Zeiger der Mittagsuhr,
schlägt in das Herz der Sommerflur eine Tür,
unten im Gebüsch, zwischen den Heckenrosen,
dem stillen Versteck der Bänke,
auf denen Ermüdete unentdeckt ruhn
und jene Auszeit verkörpern,
welche die Ordnung des Tages verpönt.

Worauf der Erdengrund überhitzt
und unter Gräserschatten zerbricht.
Die Käfer flüchten, versuchen,
der Verödung zu entfliehen,
wie die Schmetterlinge,
die sich in Blütenkelche einschließen.
Sie sind durstig und gebeugt
in der Flora, die fiebert,
die der Saarwiese argwöhnt.
Sie taumelt versponnen
in der Dissonanz der Hochzeit.

Saarbrücker Sommer 1997

Berliner Promenade

Ja, sie blenden mich, Schweißperlen,
die auf Wellenkämmen glitzern,
da der Fluss dem Gelbkörper wehrt,
der aus den Höhen Flammen wirft.

Obschon Windäste über die Wasserhaut fächern
lodert die Stirn des Gewässers.
In dieser von Brandwunden gezeichneten Strömung
kräuseln Fische, im Gespräch mit Ankern,
eine Luftblasensymmetrie. Sie gerät in Wallung,
wenn sie auf Steinhöhen trifft,
die den geraden Lauf der Zeit behindern.

Jetzt hat die Sonnenhand den Feuersturm
über die Brüstung getrieben,
löst eine Klangfolge aus,
die auf der Esplanade der Eiscafés schwingt.
Versprechungen wildern durch die Hitze,
die den klaren Blick verschmäht.
Schon das Rascheln einer Duftnote Aufsehen erregt,
inspiriert von der Sehnsucht des Sommers.

Ach, ihr kehren jene den Rücken,
die verängstigt sind und wortlos,
die die Gunst der Stunde vergrämen.
Ich spüre die Trauer der verlassenen Tische
bis Guiseppe sie befreit von den Resten
der erotischen Blasphemie.

Saarbrücken Sommer 1997

Citymeile

Im Hitzefeld der Citymeile
schwebt die Leichtigkeit des Seins.
Über dem Kohlebrunnen
thront der Bergmann,
bedeutet der Hauptstadt das Wagnis,
ehernen Sandsteinfassaden
mit postmoderner Architektur einzuleuchten.

Zwischen Hauptbahnhof und Saargalerie
tändeln Kauftouristen zeitbefrachtet.
Die Bahnhofstraße stoppt den Verkehrsfluss,
lässt der Passage der Wünsche freien Lauf.

Arkaden spannen ein Kälteschild
und auf den Ruheinseln des Straßenpflasters
kosten Ermüdete den Nulltarif aus.
Im Blickwinkel der Schaufenster
spiegeln sich die Anpreisungen,
verlieren Werte an Bedeutung.

Unter den Sonnenschirmen der Freiluftcafés
parlieren Pausierende, die sich erfrischen
und der Zeit Unterbrechungen abfordern.

Am Ende der Citymeile
färben Ampeln den Ausgang.
Das Überschreiten der Übergänge
mobilisiert die verdrängten Grauzonen.

Saarbrücken Sommer 1997

Mittags

Die Sonne ist zurück
knallt Vögeln auf den Kopf
feuert die Wiese an
endlich loszublühen

im Kinderwagen plappert
ein kleines Kind mit seiner Mutter
spielt mit seinen Fingerchen
Gummitwist

Auf dem Bürgersteig
kauert eine Katze
blinzelt aus den Augen
und schnurrt

in der Luft
hängt Bratkartoffelduft

plötzlich ist alles ganz still
in der Straße
nur aus der Regenrinne
träufelt es
in den Mittag

bis die Sonne
alle Tröpfchen
verdunstet

Mittagsfeuer

Astgeschoss für Astgeschoss
spreizen Kieferkronen
den Nadelpelz
entflammen Kerzentriebe
im Lichthof
sonnengenau

Harz quillt aus
schwarzen Rinden
tropft ins Fadengrün
auf Blaustrahlhafer
der seine Ähren
über Hungerblümchen wiegt

nach innen
vergrünen Ginsterbüsche
Schutzzone
vor dem Feuerwerk
der Mittagssonne

La forêt de pin, Le Porge

Mittagswald

9. September 2005

Lichtstille Schattenlinien
Nadelzweige von Pinien
entlauben taumeln
Kiefern knistern
sprengen zu Boden
Fruchtfall

Verdorrtes knorrt
im Grund nestet Humus
Sperlings Waldläufe
Flügelschläge winden
Lufthauch entsingt

zartes Zirpsen
schwingt im Blaufeld
Wolkentänze
Windkosung
Lichtküsse

La forêt de pin, Le Porge

Pinselstrich des Mittags

Flimmerndes Lichtviolett
auf den Gesichtern der Häuser
in der Ebene la Crau

im Hochstand der Sonne
weiten sich Kornfelder
gelb durchstuft

bleiche Strohzäune grüner Gärten
spiegeln sich im Bachlauf
von Ähren überhangen

im Schutz der Hügelkette
träumt die Provence
den Pinselstrich des Mittags

*Zum Bild: Die Ebene La Crau bei Arles mit Montmajour im
Hintergrund 1888. Vincent van Gogh*

Mittagsbad

Heut Mittag träumt der Himmel über Wiesen.
Er ist so blau, kein Wölkchen will sich mühn.
Die Margeriten um die Wette blühn
und Pollen fliegen, bringen mich zum Niesen.

Den Straßenasphalt Hitze lässt verfließen,
der Teergeruch kriecht über Gartengrün.
Die Sonne hochsteht, ihre Strahlen glühn,
sie kann den Bienen Fliegen nicht vermiesen.

Ich liege auf der Bank, ein Baum wirft Schatten,
die Blätter rascheln zart und sind am Tuscheln,
die Maikäfer in Butterblümchen kuscheln.

Nur unser Nachbar putzt, bemalt die Latten
vom Gartenzaun, pfeift vor sich hin ein Liedchen.
Ein Rotkehlchen singt mit, badet im Büttchen.

Hanauer Mittagsmärchen

Heckenrosen glutrot Hibiskus blütenweiß
dazwischen wild wachsender blasslila Günsel
schläfern entlang der Steinheimer Wehrmauer

die Gassen der Fachwerkbauten kleiden
Pflastersteine mit Märchenaugen aus
Hänsel und Gretel suchen
nach dem Knusperhäuschen
Rotkäppchen läuft dem Wolf
mit einem Obstkorb davon
auf den Bänken des Hofbräuhauses
ducken sich die Bremer Stadtmusikanten

in der Altstadt döst im Café Hutten
das Aroma der Röstmischungen
strömt über Gartentische in die Blumenkästen
und trägt das Summen labender Insekten
in den kornblauen Himmel
in den Frau Holle zwischen Sonneninseln
haufenweise Federwölkchen haucht

eine diebische Elster kauert ermattet
auf dem Stadtschloss des Alten Rathauses
und eine schwarze Katze schleicht umher
im Blick die Beute des Mittagsmärchens

nur die drei Glocken im Turm läuten
den Brüdern Grimm ins Gewissen
Dichtung und Wahrheit zu trennen

Einkehr

Bad Hofgastein umwirbt ein warmes Licht.
Am Stubnerkogel blendet es den Gipfel,
die Wolken spannen ihre weiten Wipfel,
hoch droben trüben Dunstfelder die Sicht.

Ozon bedrängt im Tal die graue Schicht.
Folgt Einkehr auf den schlechten Wetterzipfel,
genügend Ausgleich schaffen mürbe Kipfel
auf Sahneeis. Kaffeearoma mischt

sich in den Mittag voller Festtagssprüche,
tischt Nobles auf aus edler Sternenküche:
ein Festmahl, das die Sinne schnell besticht.

In Gaumenfreuden schwelgen trunken Gäste.
Nur draußen hellauf knistern alle Äste.
Bad Hofgastein umwirbt ein warmes Licht.

Bad Hofgastein, Österreich 27.12.2000

Deutsch-Französischer Garten

Unter der Schattenspur
schirmbedachter bunter Gondeln
treffen die Lanzetten der Sonne
pfeilgenau auf winterhelle Wangen

Zur Windmelodie
tanzen Wasserfontänen
schwingen Osterglocken
ihre gelben Kelche

Vom Seeweg führen
Steinstufen hinauf
zu verwachsenen Pfaden
gaukeln der Sonnenfantasie
Tatorte vor

Um ein Uhr mittags
stehen die Zeiger
auf Licht

Nanteser Platz

Hinter dem alten Rathaus
wachsen die Bäume
aufrecht in den Himmel
eine Hoffnung die wissen will

auf parkende Autos
werfen sie Schatten

Männer werfen
Stahlkugeln
über den Boden
vor den Augen der Kinder

sie spielen mit Müttern
um den Brunnen der Liebe
sie sind rar geworden

nur die Straßenlokale träumen still
an den Tischen wartet der Mittag

Saarbrücken, 28.08.2012

Unsichtbares Mahnmal

Schatten wirft der alte Baum
im Turm schlagen die Zeiger der Uhr
eine unirdische Zeit

nein, dieses Sonnengeplänkel
dringt nicht ins Gestein

es liegt ein Klagen in der Luft
das aus Gefängniszellen
des unterirdischen Labyrinths
nach oben weint
sich auftürmt

und tausende Hände greifen nach Luft
halten sich daran fest
klettern auf Wolkenstege
um davon zu eilen
mit heiler Haut in den Himmel

unsichtbar bleibt was unerhört
nur die kleinen grauen Quader
zählen die Namen der Friedhöfe

eine Inschrift in die Zeit getrieben
wie die Bibel die der Wind aufblättert

Schlossplatz Saarbrücken, 28.08.12

Mittagsruhe

Die Luft schlägt Blasen in den Mittagstunden,
die Leute in den Häusern friedlich schlafen,
mit Hitze will sich niemand gern bestrafen.
Die Käfer haben Unterschlupf gefunden.

Die Tierklinik hat auf trotz Mittagstunden,
die Leute stehen aufgereiht gleich Schafen,
am Boden liegen Hunde, wollen schlafen.
Wer ausreißt, wird sogleich fest angebunden.

Ich steh im Garten, schaue nach den Nestern,
die Katze schnurrt, schleicht langsam durch die Wies',
bleibt plötzlich steh'n und scharrt verrückt im Kies.

Da fängt die Meisenmutter an zu lästern,
sie hat die kleinen Schnäbel früh gefüttert,
die Katzenspur hat sie schon lang gewittert.

Auf den Boulevards

Wie der Sonntag,
der seine Würde über alles legt,
was ihm näher kommt,
in der Morgenandacht der Straßen,
die seltsam still sind
und leichte Luft das Fromme wiegt,

in der Rue la Fayette,
wo jeder Schritt nach Leben klingt
und Neugier weckt,
die meinen Augen Unruhe verleiht,
der Blick auf Sacré-Coeur,
auf das Dach der Kuppel,
deren Weiß durch Seitengassen flimmert
im Häusergrau
und meinen Lippen
Worte entlockt und Schweigen,
wie das Tanzen des Laubs,
das sein Grün im Lichtrausch gewann,

sind Minuten wie Bruchstücke,
zusammengefügte Splitter
der Boulevards, die den Mittag erwarten
und Menschen,
die nach Sonnenplätzen haschen
und dem Augenblick,
der die Leidenschaft
an die Tische der Straßenlokale trägt.

Paris

Bois de Boulogne

In jenem Sonnenton,
der aus Wolken Hitze saugt
und über den Bois de Boulogne streut,
im tiefen Grün der Cité,
wo die Rose das Herz
der Umarmung liebkost,

unter dem Himmel,
der sein Königsblau
im Jardin La Bagatelle verlor,
auf den Bänken,
von Vogelpaaren besungen,
schwirrt ein Licht,
warm und scheu,
als wollte es die Schönheit beschützen
vor dem Schleiertanz,
den manche vor sich selbst aufführen.

In dieses von Weite
längst entrückte Strahlen
ergibt sich mein Blut,
errötet meine Haut,
dieser Aufschrei der Seele,
die das Unberührbare in Händen hält
für diese Stunde,
in der die Sehnsucht in den Höhen liest.

Paris

Le chant des villes

La tendresse de la ville
elle rougeoie dans les airs
sens d'haleine qui les cils
dispersant la lumière

Nous revons à le soleil
résistant à la chaleur
si les rues appareillent
que tu saisis le cri du Coeur

Chant des lieux sur le tableau
le jour lucide fête le printemps
désir des yeux désir des mots
si la passion s'éternisant

Das Lied der Städte

Zärtlichkeit einer Stadt
glüht in Windes Fängen
Wimpern sanft versprengen
Lichtes Atemstatt

In der Sonne träumen wir
überströmt von Wärme
Straßen bilden Schwärme
Herzschrei ringt mit dir

Lied der Städte auf dem Schild
der klare Tag ein Frühlingsfest
das Aug und Wort begehren lässt
wenn Leidenschaft verewigt quillt

Sonnenspeicher

Die Sonnenuhr gibt dir
noch einmal Zeit
Lichtglut befeuert die Seele
treibt an deinen Pulsschlag
bis das Herz aus dem Leib klopft

oh ja
merk dir den Ton
du kannst ihn hören
wenn Farblosigkeit
dir an die Kehle greift

speichere die Wärme
du kannst sie spüren
wenn der Sonne Glanz
nicht mehr zum Abendessen taugt

fühle die Nähe
du kannst dich erinnern
wenn das Lachen
aus den Tagen verschwindet

die Sonnenuhr gibt dir
noch einmal Zeit

Der Nachmittag

Der Nachmittag ist die Tageszeit zwischen Mittag und Abend. Beginn und Ende sind nicht definiert, im Allgemeinen bezeichnet man als Nachmittag die Zeit zwischen vierzehn Uhr und achtzehn Uhr. Man unterscheidet auch zwischen dem frühen und späten Nachmittag, auch Vorabend genannt. Während des Nachmittags wird oft eine Zwischenmahlzeit eingelegt. Beliebt ist der Nachmittagskaffee oder Tee. In Großbritannien beliebt ist die Tea time, im süddeutschen Raum die Vesper, in Österreich die Jause, in Südtirol die Marende, in der Schweiz das Zvievi oder Zabund. An der Mosel wird eine Winzerplatte serviert.

Am späten Nachmittag haben viele Berufstätige Feierabend, der Arbeitstag ist beendet. Nun beginnt die Freizeit, die für Hobbys, Sport, Vereinstätigkeiten oder für Ruhezeiten genutzt werden kann. Die zeitlichen Vorgaben des Tagesablaufs durch Erwerbs- und Reproduktionsarbeit bestimmen auch die Freizeit. Von den 24 Stunden eines Werktages verbleiben noch 4 Stunden frei verfügbare Zeit, die allerdings zusammenhängend nur an Wochenenden oder zu Urlaubszeiten zur Verfügung stehen (vgl. Opaschowski). Das Ausmaß der freien Zeit hängt auch von Berufsbranchen ab. Beschäftigte in der Landwirtschaft, in medizinischen Berufen, im Gastronomiebereich und im Einzelhandel verfügen über weniger Freizeit als andere. Erwerbstätige in der Dienstleistungsbranche haben weniger Freizeit als Beschäftigte im produzierenden Gewerbe. Die sog. Funktionseliten verfügen nicht automatisch über weniger Freizeit, da sie die Reproduktionszeit durch erhöhten Technikeinsatz und Einsatz von Haushaltshilfen minimieren können. Die geschlechtsspezifischen Differenzen sind jedoch auch hier zu finden. Gemessen am Durchschnitt der Bevölkerung verfügen Hausfrauen über geringfügig mehr Freizeit, berufstätige Männer liegen etwas unterhalb des durchschnittlichen Mittelwertes und berufstätige Frauen müssen deutliche Einbußen hinnehmen (vgl. Opaschowski), was sich bei Alleinerziehenden nochmals verschärft. Gerade im Freizeitbereich lässt sich der Wandel des aktuellen Zeitempfindens in unserer Gesellschaft am sichtbarsten aufzeigen. Die zur Verfügung stehende Zeit wird durch vielfache Aktivitäten intensiver genutzt, was nichts anderes heißt, als dass eine Verdichtung der Aktivitäten stattgefunden hat, die für Muße, Entspannung, Erholung oder Regeneration kaum noch Raum lässt. Kurz vor Sonnenuntergang beginnt die Blaue Stunde. Es ist die Zeit zwischen Nachmittag und nächtlicher Dämmerung. Ihren Namen hat sie von der tiefblauen Färbung des klaren Himmels in dieser Zeit. Verursacht wird sie durch die unterschiedliche Streuung des Sonnenlichts in der Atmosphäre und durch die Filterwirkung der Ozonschicht. Bei Sonnenuntergang überschreitet die Erde vom Standort des Betrachters aus gesehen die Tag- und Nachtgrenze durch die Erdrotation. Die Sonne sinkt, bis sie am Horizont vollkommen verschwindet. Das Farbenspiel wird dabei durch die Brechung des Lichts hervorgerufen und ist vom Wetter abhängig. Wie in einem Prisma wird das Licht von der Erdatmosphäre in seine Spektralfarben zerlegt. Die Sonne färbt sich rot. Der Sonnenuntergang, das Versinken der Sonne hinter dem Horizont, dauert in Mitteleuropa etwa drei bis vier Minuten.

ᘓᘏ

„Um drei Uhr ist es immer entweder schon zu spät oder noch zu früh für alles, was man tun will."
Jean-Paul Sartre

„Müßiggang ist aller Laster Anfang." Sprichwort

„Freizeit besteht nicht im Nichtstun sondern in dem, was wir sonst nicht tun." Verf. Unbekannt

„In den Dämmerungen regiert das Herz."
Jean Paul, Dämmerungen für Deutschland

Müßige Stunden

Es dehnen die müßigen Stunden versponnen das Licht
lautlos am Straßenrand reift es heran neues Grün
treibt in den Tag ohne Absicht ein junges Fortune
und in den Alleen verliert sich das Schattengesicht

Ich streife umher unterm Zittern des Sonnengeflechts
Wind schlürft die Wärme und wedelt sie auf meine Haut
Cello spielt wildes Gesträuch springt ein mystischer Laut
als Elfen ertanzen den Lotfall des hellen Gehechts

Und alles was lebt sich dem flimmernden Rausch anvertraut
plötzlich erkenne ich wieder was immer schon war
atme den Duft und erspüre es unmittelbar
das wahrhafte Leben das mir in die Seele geschaut

Idyll einer Hängematte

Wind perlt
Licht tanzt
seelenleichtes Wiegen schläfert
Sinnestaumel süße Träumerei

Zeit flieht
weltfrei
säuseln in der Hängematte
Wolken federn Sonnenlethargie

leis schwingt
Klangspiel
Herzenstöne musizieren
Sinfonie des schönen Nachmittags

Erotischer Nachmittag

In jenen Höhen, in denen Licht sich verschleißt
und erbleicht,
wo das Zittern auf den Lippen bebt
und Zeit verschlingt,
auf dem Wendepunkt der Lust,
die den Gemächern entfloh
und nun fruchtbare Böden küsst,
umhaucht mich der Atem
deines Wimpernschlags,

gelöst in der Liebe der Stadt,
deren Wände Süße verströmen
an einem Nachmittag
in der Rue de Rivoli,
nahe dem Herzstück der Seine,
deren Türkis den Staub der Eile fortspült
und Spaziergänger fesselt,
die wie Ertrinkende
an Ständen suchen nach Gemälden,

gefangen von erotischen Farben,
gehalten vom Duft des Begehrens,
gebannt von der Pont Neuf,
dem Brückenschlag
zwischen Traum und Wirklichkeit.

Paris

Gesellschaftszimmer

Weißblaue Hortensien
Kristallvasen Königslilien
blühen im Velours
eingesunkener Sitze

in rosé-blauem Brokat
dämmern Sprossenfenster
Tischchen mit marmornem Granit
vor Zeit rauchendem Kamin

am Spätnachmittag serviert
die Vicomtesse de Monhoudou
un petit café
faire conversation
avec l'aristocratie

Schlossgenerationen
steigen aus Wandportraits
im großen Salon
aufschlagend das livre d'or

im Apéritif
aus Gesellschaftszauber
suchen Schlossgäste
Lebenszeiten
nach Gemeinsamkeiten ab

Chateau Monhoudou

Diner aux candélabres

Rotgetünchte Wände
Stillleben
herabhängende Vitrinentüren
zeitgebleichtes Edelholz
Tafel aus Nussbaum
gehüllt in Purpurseide

im Silberschein
kredenzt der Vicomte
das diner aux candélabres
vor dem Ahnenblick
blumiger Vorhänge
zeitverstreut

im Sorbet
wohltemperierter Stunden
perlt der Müßiggang

Chateau Monhoudou

Lichtfieber

In den Sphären die wie Hologramme wirken
verschwommen und doch vollkommen nah
neigt sich das Fieber des Lichts

Das helle Weinen einer Windbö schleppt
sich in die Ohrmuschel des Ufers
und verfängt sich im Dünensaum

Wenn Lichtsplitter sich am Zeitgrat
versprengen und auf Sekunden flimmern
reibt sich der Himmel das Blau
aus den Augen

Côte d'Argent, Frankreich

Nachmittag

Auf zuckender See
blendet die Sonnenpeitsche
trägt mich die Fähre
lüstern leichten Wellengangs?

doch weshalb gezwungener Glanz
meine Augen tränen
eine andere Seite des Ufers?

einen Steinwurf entfernt
federt Wildentenflaum
tändelt über Pflastersteine
hinunter ins Becken
überläuft den Windhauch
den ich einatme
im Lichtkern des Nachmittags

er spuckt Wärme aus wie Lavaglut
brodelt, läuft aus ins Leck
aufziehenden Blaus
als hätte es nie zuvor Abende gegeben

Bostalsee, Bosen

Aufpreis

Immer noch Nebel
Augusthitze wird so beendet
Kälteschwere auf Lidern

Erst der Nachmittag wärmt
Körper und Bänke unter den Arkaden
Tauben gurren kein Liebeslied

Das Alte sucht vergeblich
Eine Aura Vergangenheit
Es ist alles teurer geworden.

Bürgerpark nachmittags

Stromabwärts gesellt sich der Windbaum ans Ufer,
zu beschützen die einstige Brache im Geröllbett,
das stumpf ist und meine Tritte schleift.
Es wacht den konstruierten Ruinen,
wo die Blicke der Tiefe den Turm neu erfinden.

In diesem von Ordnungen ungetrübtem Wildwuchs
Blattgrün die Klinkerwälle bescheidet,
das aus dem Rondell der Stille erwächst.
Rang um Rang dehnt sich das Schweigen,
federt in den Höhen
die leichtlebigen Klänge der Singvögel.

Dort sich in Büschen widerspiegelt,
was Wildenten Luftskizzen erlaubt.
Auf dem Amethyst der Teiche
entwirft die Laune des Lichts Schattierungen,
Glanzpunkte, die irren,
aufkommendes Zinnoberrot dümpelt.

Westspangengemäuer vermisst die Distanz
der Wasserschlucht, die den Spannungsbogen weitet.
Er erhebt sich zum Zensor des Flusslaufs.

Den Brückenpfeilern Graffitigemälde
eine Hommage erweisen,
bis die Neige des Blaus ihren Hang verklärt
und die Aussicht nimmt,
den Bürgerpark vor Burbach zu bergen.

Saarbrücken-Burbach 1997

Burbach

Geschäfte treiben den Nachmittag an
in der Bergstraße, die von Wärme erhellt,
ein Lot durch Burbach fällt,
vorherzubestimmen die Richtung des Dorfgangs.

Kastanienbäume beschatten Sankt Eligius
mit Blätterwedeln an den Schauplätzen der Einkehr.
Die Ampelanlage grünt nahe Gersweiler.
Während Fußgänger im Sekundentakt spurten,
errötet sie vor dem Tritt auf die andere Seite der Stadt.

Längst erneuert die Moderne die Sicht
auf die Saarterrassen, fernab
den verschwundenen Bildern der Burbacher Hütte.
Noch provisorisch erlauben die Zugänge
den Zutritt zum Gewerbepark,
den zu erahnen das Blickfeld des Betrachters formt.

Schräg gegenüber historischer Straßenzüge
quält sich die Lärmwelle durch die Hochstraße,
spurt das Gelände postindustriellen Niedergangs,
vorbei an Zapfsäulen und Brückenschlägen
und hinterlässt in den Wiesen Ersatzarbeitsplätze.

Nur die alten Hochhäuser säumen im lichten Glanz
die verlassene Zeit bis zur Malstatter Brücke.
Sie schenkt ihre Zeiger der Winduhr.

Saarbrücken-Burbach 1997

Sonnenuhr

Straße des Lichts
Sonnenschmelz
brennst dich mir ein
wärmende Schönheit
schickst mir Ikarus
für den Höhenflug

im späten Spelz
flattern Glühwürmchen
um die Sonnenuhr

Leuchtfeuer
für die Landung
der Dunkelheit

Blaue Stunde

tiefen Gelbs Verblühen
grüne Kornhalme stehen
im Rot der blauen Stunde

die Sommerwunde
brennt noch im Vergehen
auf den Avenuen

Die Zeit läuft aus

Die Zeit läuft aus mit übervollen Minuten
letzter Sonnenuntergänge, der Tag stopft
dir die Taschen voll; lautlos
das Schwinden der Flügel, das Verstummen
des Gezeters einer Leere im Garten.

Du kennst den Mangel im Überfluss, wenn Zeit
die Zeiger antreibt, sie wieder in Nullstellung dreht.
Sommer bringt dir das Licht zurück,
welches dich ohne Sonnenbrille
erblinden ließe.
Die Zeit läuft aus.

Saarbrücker Schloss

Die kleinen Quader aus grauem Stein
pflastern den Pfad
geradewegs in den Sonnenlauf

Gewölbe aus Glas
getragen von Wendeltreppen
verbindet die Schlossflügel

sie führen hinauf in die Kuppel
in den Spiegelsaal
in dem Amalie
in fürstlichem Glanz
tanzt

im Schloss aus Vergangenheit
nistet Gegenwart sich ein
wie die Tauben

sie fliegen von Flügel zu Flügel
hinterlassen weiße Spuren
in der weißen Stadt

die im Licht der sinkenden Sonne
sich frei atmet
vom Staub der Zeit

Saarbrücken, 28.08.2012

Sonnenuntergang am Meer

Sonne brennt orangerot im Sand
klettert dunkler werdend
auf das Dünendach und zinnobert

am überhängenden Rand
strecken Halmhorste sich
borstig gegen den Himmel
als riefen sie: uns hat die Nacht erobert

unterhalb des Hügels
mäandern Graspfädchen
in dämmernden Schatten

entfernt treiben Schiffe
auf die untergehende Sonne zu
die abgetakelten Fregatten
machen die Schotten dicht

bevor sich die tiefblaue Dunkelheit
mit dem Meerwasser
zu einem einzigen

unendlich weit
        schwingenden
                Wellengang

vermischt

Sonnenuntergang in Völklingen

Die Sonne schnitt mit ihrem gelben Schwert die Erde auf, die unter ihr in den Abend wuchs und den dunklen Rand nach oben schob. Im Zinnoberrot fochten Gelb und Schwarz das Schauspiel heiliger Geburtsstätten aus.

Unter diesem Bann lag die Stadt wie im Koma, streckte die ausgedienten Schornsteine aus dem Steinmund. Das Weltkulturerbe trauerte in der Agonie, schlug seine sichtbar werdenden Lichtkegel in den sich langsam schließenden Schattenschlund.

Eine Elle entfernt vor dem Versinken des letzten Fetzen Tags stob eine Schar Vögel auf, stimmte das Lied des Nestsuchers an, der sich eilig Federn borgt.

Im Geäst knackten Knospen, mühten sich um Geschlossenheit in der Kälte, die den Himmel erschauerte bis das Nachtauge die Sicht verlor.

Lichtwechsel

Atemzüge des Abendwinds hallen in der kühlen Dämmrung des untergehenden Lichts, das sich mit letzter Kraft gegen Graues stemmt am sich krümmenden Horizont. Der Abschied krallt sich ins Purpur, wo die Schwärze des Nachtgesichts sich brüstet, von Sterntönen überschwemmt.

Kälte kauert im Windfall, glüht auf den Wangen des ausgetrockneten Steins, der den Vollzug der Zeit mit seiner Härte blockt. Das Zerfallen des Augenblicks Sekunden versprüht auf den Uhren, Kommen und Gehen werden eins, alles verschmilzt, das Universum frohlockt.

Schwere schwindet sanft im Rotgold, flieht in die Stille des sich erhebenden Monds, bündelt im Mauerwerk Risse des Zeitmoders, der sich auflöst, entwoben aus dem kargen Ried leerer Straßen. Aufgesang eines Eleisons hymnisch erklingt im Anblick des Geloders.

Literaturverzeichnis Sachtexte

Achtner Dr. Wolfram: Menschenzeit – gestohlene Gotteszeit?. Vortrag zur Tagung „Die Sekunde der Ewigkeit. Lebenszeit als Lebenskunst" vom 21.-22.11.98 in Stuttgart-Hohenheim. Hans-Böckler-Stiftung. 1998.

Biedermann Prof. Dr. Hans: Knaurs Lexikon der Symbole.

Knaur Verlag, 1998. S. 87, 373, 400.

www.biologie-wissen.info

Boehme Reinhold: Zur Geschichte der Zeitmessung. 1999. http://homepage.ruhr-uni-bochum.de/reinhold.boehme/ringvorlesung/(node8.html

Geißler Prof. Karlheinz A.: Die Zeiten ändern sich. Vom Umgang mit der Zeit in unterschiedlichen Epochen.. In: Aus Politik und Zeitgeschichte B 31/99 vom 30.7.99, S. 3-10

Geißler Prof. Karlheinz A.: Zeit –verweile doch, du bist so schön. Herder Verlag Freiburg. 2000.

Geißler Prof. Karlheinz A.: Vom Tempo der Welt. Am Ende der Uhrzeit. Herder Verlag Freiburg. 1999.

Hewener Vera: Geschlechtsspezifische Unterschiede im Umgang mit der Zeit. In: Aus Politik und Zeitgeschichte. Ausgabe B 21-32/2004. Hrsg. Bundeszentrale für politische Bildung

Hewener Vera: Von der guten alten Zeit zur Non-Stop-Gesellschaft. In: Zeitpresse. Ausgabe Frühjahr 2004. Hrsg. Verein zur Verzögerung der Zeit. Klagenfurth. Österreich.

Levine Robert: Eine Landkarte der Zeit. Wie Kulturen mit Zeit umgehen. Piper München. 1999.

Nowotny Prof. Dr. Helga: Die Entdeckung der Geschwindigkeiten. Interview mit der Professorin am Institut für Wissenschaftstheorie und Wissenschaftsforschung der Universität Wien, geführt von Cornelia Szyszkowitz. 1996. http://www.univie.ac.at/schroedinger/3_96/time16.htm

Opaschowski Prof. Dr. Horst W.: Probleme im Umgang mit der Freizeit. Schriftenreihe zur Freizeitforschung. Institut für Sozialpädagogik, Erwachsenenbildung und Freizeitpädagogik an der Universität Hamburg. 1980.

Opaschowski Prof. Dr. Horst W.: Einführung in die Freizeitwissenschaft. Opladen.1994.

Opaschowski Prof. Dr. Horst W.: Freizeitökonomie: Marketing von Erlebniswelten. Opladen. 1995.

Roberts J. Morgan: Mythologie der Griechen und Römer. Athenaion Verlag, 1997. S. 10 ff.

Rothfischer Kathrin: Mittagsschlaf – Siesta und Powernapping.

www.mylife.de/gesunder-schlaf/mitttagsschlaf abgerufen 14.01.2022

Scheuerer Kurt: Mythologie. Sonne und Mond – Zeitanzeiger. 1987. http://www.bingo-ev.de/~ks451/antike/zeit.htm

Scheuerer Kurt: Antike Zeitrechnung. Stunde, Jahr, Monat?. 1985. http://www.bingo-ev.de/~ks451/antike/zeit.htm

Scheuerer Kurt: Antike Zeitangaben in der Römischen Republik. Zum Kalender der römischen Republik. 1987. http://www.bingo-ev.de/~ks451/antike/zeit.htm

Vorster Albrecht: Wie gelingt ein erholsamer Mittagsschlaf? www.swr.de/wissen/1000-antworten/wie-gelingt-ein-erholsamer-mittagsschlaf-100.html abgerufen 14.01.2022

www.wikipedia.de

Bücherliste

Vermisstenanzeige. Gewidmet den ermordeten Juden des Naziregimes. Lyrik und Prosa. Vera Hewener. Libri BoD. Norderstedt 2000. ISBN 3-8311-0748-3. 2. erw. Auflage 2014. ISBN 978-3831107483.

Lichtflut. Reisenotizen. Lyrik und Prosa. Vera Hewener. Edition Calamus. Norderstedt 2001. ISBN 3-8311-1493-5. 2. erw. Auflage 2014. ISBN 987-3831114931.

Eine Neigung aus Blau. Gegenwartslyrik. Vera Hewener. Norderstedt 2002. ISBN 3.8311-3334-4. 2. Auflage 2014. ISBN 9783831133345

Bist Himmel mir und tausend Feuerfunken. Gedichte. Vera Hewener. Mauer Verlag. Rottenburg a/N. 2003. ISBN 3-937008-46-2.

Verwirbelungen der Zeit. Vera Hewener. Lyrik mit Bildern von Carolin Isele. WiKu Éditions Paris E.U.R.L. Paris und WiKu Verlag KG Berlin 2005. ISBN 3-86553-203-9.

Es kommen andere Ewigkeiten. Gedichte. Vera Hewener. WiKu Édition Paris ISBN 2-84976-0188 WiKu Verlag 2007. ISBN 978-3-86553-189-6.

Himmelsstürme. Vera Hewener. Gedichte mit Fotografien. edition Wort Verlag Bitburg 2010. ISBN 978-3-936554-00-3.

Das Jahr: Dichtung in vier Sätzen. Vera Hewener. Gedichte mit Fotografien. BoD Books on Demand Norderstedt 2013. ISBN 978-3-7322-3168-3.

Zaubervolle Winterwelt. Gedichte, Geschichten, Notizen. Vera Hewener. Verlag BoD Books on Demand. Norderstedt 2014. ISBN 9783735761262.

Frühlingsserenade. Die schönsten Gedichte, Geschichten und Notizen zur Frühlingszeit. Vera Hewener. Verlag BoD Books on Demand. Norderstedt 2015. ISBN 978-37347-3140-2.

Die Blüte des Sommers. Sommeranthologie. Die schönsten Gedichte, Geschichten und Kalendernotizen. Vera Hewener. Verlag BoD Books on Demand. Norderstedt 2015. ISBN 978-3-7347-89540.

In der Saar schwimmen keine Krokodile. Gegenwartslyrik & Texte. Vera Hewener. Verlag BoD Books on Demand. Norderstedt 2015. ISBN 9783738635676

Von Lorraine nach Aquitaine. Reisenotizen in Lyrik und Prosa. Vera Hewener. Verlag BoD Books on Demand. Norderstedt 2016. ISBN 9783741210860.

Du trocknest meine Tränen wieder. Religiöse Lyrik & Texte. Vera Hewener. Verlag BoD Books on Demand. Norderstedt 2016. ISBN 9783743113589.

Zaubervolle Jahreszeiten. Der Frühling. Vera Hewener. Verlag BoD Books on Demand. Norderstedt 2017. ISBN 9783743125117.

Aus meinem Federkiel. Magische Momente. Natur & Seele. Gedichte. Vera Hewener. Verlag BoD Books on Demand. Norderstedt 2017. ISBN 9783744870511.

Zaubervolle Jahreszeiten. Der Sommer. Vera Hewener. Verlag BoD Books on Demand. Norderstedt 2017. ISBN 9783744870993.

„Kerzen, Wunder, Himmels-Zunder". Vera Hewener. Lustige und besinnliche Geschichten und Gedichte zur Advents- und Weihnachtszeit. Verlag BOD Books on Demand. Norderstedt 2017. ISBN 9783744893824. 2. Ausgabe 2019. ISBN 9783738629682.

Die Jahreszeiten: Auslese. Gedichte. Vera Hewener. Verlag BOD Books on Demand. Norderstedt 2018. ISBN 9783738636017

Werkausgabe Band I. Frühe Gedichte 1970-1999. Verlag BOD Books on Demand. Norderstedt 2018. ISBN-13: 9783746025292

Kinder, Hund, Familienbund. Lustiges, Tierisches und Allzumenschliches in Lyrik und Prosa. Vera Hewener. Verlag BOD Books on Demand. Norderstedt 2018. ISBN 9783746056821

Zaubervolle Jahreszeiten. Der Herbst. Vera Hewener. Verlag BoD Books on Demand. Norderstedt 2018. ISBN 9783752842135

Christnacht, Glocken, Engelslocken. Gedichte und Geschichten zur Weihnacht. Vera Hewener. Verlag BoD Books on Demand. Norderstedt 2018. ISBN 9783748107637. 2. Ausgabe 2019. ISBN 9783741251641

In der Saar feiern die Fische. Gegenwartslyrik & Szenen. Vera Hewener. Verlag BoD Books on Demand. Norderstedt 2019. ISBN 9783732237142. 2. Auflage 2020. ISBN 9783752810080

Von Brandasund bis Nasholim. Reisegedichte, lyrische Ausflüge, Geschichten und Notizen. Vera Hewener. Verlag BoD Books on Demand. Norderstedt 2019. ISBN 9783732235841.

Tannen, Lobgesang, Weihnachtsklang. Gedichte, Geschichten, Liedtexte und Bühnenstücke zur Advents- und Weihnachtszeit. Vera Hewener. Verlag BoD Books on Demand. Norderstedt 2019. ISBN 9783750400030.

In der Saar tanzen die Schwäne. Gedichte, Geschichten & Szenen. Vera Hewener. Verlag BoD Books on Demand. Norderstedt 2020. ISBN 9783751921060.

Zaubervolle Weihnachtswelt. Geschichten, Gedichte, Stücke & Notizen zur Advents- und Weihnachtszeit. Vera Hewener. Verlag BoD Books on Demand. Norderstedt 2020. ISBN 9783752606409.

Weihnachtsklang, Lobgesang. Deutsche Gedichte und Nachdichtungen internationaler Weihnachtslieder, Gospels, Spirituals und deutsche Weihnachtslieder in moselfränkischer

Mundart. Vera Hewener. Verlag BoD Books on Demand. Norderstedt 2020. ISBN 9783752606393.

Sodom und Camorra. Kurze Bühnenstücke für viele Gelegenheiten. Vera Hewener. Verlag BoD Books on Demand. Norderstedt 2020. ISBN 9783752606386

Oh Frühling, komm! Natur, Stadt & Land. Die schönsten Frühlingsgedichte. Vera Hewener. Verlag BoD Books on Demand. Norderstedt 2021. ISBN 9783753439594

Oh Sommer, leuchte. Natur, Stadt & Land. Die schönsten Sommergedichte. Vera Hewener. Verlag BoD Books on Demand. Norderstedt 2021. ISBN 9783753421414

Oh Herbst, wandle!. Natur, Stadt & Land. Die schönsten Herbstgedichte. Vera Hewener. Verlag BoD Books on Demand. Norderstedt 2021. ISBN 9783754320655

Ohn Winter, schneie! Natur, Stadt & Land. Die schönsten Wintergedichte. Vera Hewener. Verlag BoD Books on Demand. Norderstedt 2021. ISBN 9783754347034

Das kleine Tännlein. Die schönsten Weihnachtsgeschichten. Vera Hewener. Verlag BoD Books on Demand. Norderstedt 2021. ISBN 9783755701705.